혼자 배우는
왕초보
영어회화

혼자 배우는
왕초보 영어회화

찍은날 | 2008년 4월 1일 인쇄
펴낸날 | 2008년 4월 7일 발행

지은이 | 박 선 화
펴낸이 | 조 명 숙
펴낸곳 | 동선교 맑은창
등록번호 | 제16-2083호
등록일자 | 2000년 1월 17일

주소 | 서울 · 금천구 가산동 771 두산 112-502
전화 | (02) 851-9511
팩스 | (02) 852-9511
전자우편 | hannae21@korea.com

ISBN 89-86607-53-0 03740

값 7,500원

• 잘못된 책은 바꾸어드립니다.

혼자 배우는 왕초보 영어회화

박선화 지음

혼자 배우는
왕초보
영어회화

# 이 책을 펴내면서

　우리 나라 사람들은 남녀노소에 관계 없이 대화중에 영어 단어 한두 마디쯤은 자연스럽게 사용하는 것을 볼 수 있습니다. 영어 교육을 받지 못한 나이 드신 사람들도 뜻을 알든 모르든 무의식중에 사용합니다. 특히 요즘은 겨우 걸음마만 할 줄 아는 어린 아이들에게까지 영어 조기교육 열풍이 불어 영어를 가르치고 있는 실정입니다.

　이렇듯 영어는 분명 외국어임에도 불구하고 우리말 다음으로 많이 쓰는 언어임에 틀림없습니다. 하지만 영어로 자기의 의사를 자유스럽게 표현하는 것은 결코 쉽지 않습니다. 물론 우리말도 상대방에게 정확하게 전달할 수 있도록 조리있게 말하기란 정말 어렵지요.

　우리말도 조리있게 잘 하기 위해서는 반복적으로 학습을 해야 합니다. 하물며 외국어인 영어를 우리말처럼 자유스럽게 구사하려면 끊임없이 반복학습을 해야겠지요. 외국어를 잘 하는 비결은 여러 방법이 있겠지만 무엇보다 반복학습이 최선이라고 경험자들이 말합니다.

　《혼자 배우는 왕초보 영어 회화》는 영어권 외국인에게 자신의 의사를 더듬거리지 않고 정확하게 전달할 수 있도록 초보적인 생활 영어를 상황별로 다루었습니다. 또한 테이프를 듣지 않고도 자연스럽게 발음할 수 있도록 영어 문장 아래 현지 발음을 표기하였습니다.

　이 책을 읽으시는 여러분은 이제 중도에 포기하지 말고 자신감을 가지고 입에서 저절로 나올 때까지 반복해서 공부하시기 바랍니다. 그래서 이제는 외국인을 보고 피하지 말고 당당하게 대화하세요. 자 지금부터 시작입니다.

차례 / Contents

Part 1 만남·인사

chapter 01	인사 나누기	12
chapter 02	오랜만에 만났을 때	20
chapter 03	헤어질 때 인사	26

Part 2 소개하기

| chapter 04 | 첫 인사 및 자기 소개 | 32 |
| chapter 05 | 상대방 소개하기 | 36 |

Part 3 초대·방문

chapter 06	초대하기	42
chapter 07	방문하기	48
chapter 08	돌아갈 때	52

Part 4 감사 표현

| chapter 09 | 감사 표현 | 58 |

차례 | 7

Part 5 　감정 표현
chapter 10 　감정 표현 　　　　　　　　　　66

Part 6 　질문할 때 · 호칭 표현
chapter 11 　질문할 때의 기본 표현 　　　　84
chapter 12 　부가의문문 표현 　　　　　　　87
chapter 13 　의문사 표현 　　　　　　　　　90
chapter 14 　상대방을 부를 때 　　　　　　95
chapter 15 　가족 사이의 호칭 　　　　　　97

Part 7 　질문에 대답하기
chapter 16 　질문에 대답하기 　　　　　　104
chapter 17 　질문에 가볍게 반문하기 　　　108

Part 8 　선택 · 의사 표현
chapter 18 　선택 · 의사 표현 　　　　　　118

차례 / Contents

Part 9 명령어 표현

| chapter 19 | 명령어 표현 | 126 |

Part 10 제안·의뢰에 대한 표현

| chapter 20 | 제안에 대한 표현 | 132 |
| chapter 21 | 의뢰에 대한 표현 | 136 |

Part 11 말을 되물을 때

| chapter 22 | 말을 되물을 때 | 144 |

Part 12 말을 잇거나 가로막는 표현

| chapter 23 | 말을 가로막는 표현 | 150 |
| chapter 24 | 말을 잇는 표현 | 153 |

Part 13 잘못에 대한 사과

| chapter 25 | 사과할 때 | 158 |
| chapter 26 | 사과에 대한 대답 | 164 |

Part 14 날짜 · 요일 · 시간 · 기간

chapter 27	날짜 · 요일에 대한 표현	168
chapter 28	시간에 대한 표현	174
chapter 29	기간에 대한 표현	182

Part 15 날씨 · 계절

| chapter 30 | 날씨에 대한 표현 | 188 |
| chapter 31 | 계절에 대한 표현 | 202 |

Part 16 전화하기

chapter 32	전화할 때의 기본 표현	210
chapter 33	통화중 · 부재중일 때	216
chapter 34	잘못된 전화	222

Part 17 길 안내

| chapter 35 | 길을 물을 때 | 226 |
| chapter 36 | 길을 가르쳐 줄 때 | 230 |

차례 / Contents

Part 18 　교통수단 이용하기

chapter 37	버스를 이용할 때	236
chapter 38	지하철을 이용할 때	238
chapter 39	기차를 이용할 때	240
chapter 40	택시를 이용할 때	244

Part 19 　쇼핑하기

chapter 41	쇼핑할 때의 기본 표현	254
chapter 42	물건을 고를 때	256
chapter 43	가격 흥정·계산할 때	260
chapter 44	교환·환불할 때	264

Part 20 　식당에서

chapter 45	식당을 예약할 때	272
chapter 46	식당에 들어갈 때	274
chapter 47	주문할 때	276
chapter 48	남은 음식 포장	280
chapter 49	계산할 때	282

Part 1

만남 · 인사

chapter 01　인사 나누기

chapter 02　오랜만에 만났을 때

chapter 03　헤어질 때 인사

chapter 01 인사 나누기

◗ Dialogue

① **Good morning, John.**
굿   모-닝,   존.

② **Good morning, Tom.**
굿   모-닝,   톰.

③ **How are you?**
하우 아 유?

④ **Fine, thanks.**
퐈인,   땡쓰.

⑤ **How is Mrs. Brown?**
하우 이즈 미씨즈   브롸운?

⑥ **She's very well, thank you.**
쉬즈 붸뤼 웰,   땡큐.

⑦ **Good-bye, John.**
굿-바이,   존.

⑧ **Good-bye, Tom.**
굿-바이,   톰.

1. 안녕하세요, 존.
2. 좋은 아침이에요, 톰.
3. 어떻게 지내세요?
4. 네, 아주 좋습니다.
5. 브라운 부인도 잘 지내십니까?
6. 네, 잘 있습니다.
7. 안녕히 가세요, 존.
8. 안녕히 가세요, 톰.

Good morning.
굿 모-닝.
좋은 아침. / 안녕하십니까?

성별, 나이에 상관없이 무난하게 쓸 수 있는 인사말입니다. 주로 오전 중에 사용하는데 가끔은 오후에도 씁니다. Good의 d 발음은 거의 들리지 않을 정도로 약하게 하지만, morning은 말끝을 낮추어 강하게 발음합니다.

Good afternoon.
굿 애프터눈-.
즐거운 오후입니다. / 안녕하십니까?

정오부터 해지기 전까지 쓰이는 인사말입니다. 마찬가지로 Good은 약하게, afternoon은 af에 악센트를 주고, 끝부분을 낮추면서 강하고 길게 발음합니다.

Good evening.
굿 이-브닝.
멋진 저녁입니다. / 안녕하십니까.

해질 무렵부터 밤까지 쓰이는 인사말입니다.

▶▶Words

- **morning** [모-닝] 아침
- **fine** [퐈인] 훌륭한, 좋은
- **ma'am** [맴] 부인
- **evening** [이-브닝] 저녁, 해질녘, 밤
- **afternoon** [애프터눈-] 오후
- **well** [웰] 잘, 만족히, 더 할 나위 없이
- **very** [붸뤼] 대단히, 매우, 몹시
- **sir** [써-] 님, 선생, 귀하

Good morning, Mr. Brown.
굿   모-닝,   미스터 브롸운.
안녕하십니까, 브라운 씨.

Good afternoon, Mrs. Willis.
굿   애프터눈-,   미씨즈 윌리스.
안녕하십니까, 윌리스 부인.

Good evening, Miss Mitchell.
굿   이-브닝,   미쓰   미첼.
안녕하십니까, 미첼 양.

성이나 이름을 붙여서 인사를 하면 더 다정하고 친한 사이처럼 느껴지므로 상대방의 이름을 분명히 알아두는 것이 좋습니다.
Mr.(mister 미스터의 줄임말)는 남성에게만 사용합니다.
Mrs.(mistress 미스트리스의 줄임말)는 기혼 여성의 성이나 그 남편의 성명 앞에 붙이는 경칭입니다. Miss(미쓰)는 미혼 여성에 한해 사용합니다. Miz(미즈)는 Miss와 Mrs.를 합한 경칭으로 기혼 여성과 미혼 여성 모두에게 쓸 수 있습니다.

How are you?
하우 아 유?
어떻게 지내세요?

매일 또는 자주 만나는 사이에서 쓰는 가벼운 인사입니다. 같은 의미로 What's up?이나 How are you doing?이 주로 쓰입니다.
'좋다' 고 할 때는 Fine, Good, Great 정도로 대답합니다.

사람을 처음 만났을 때의 기본적인 인사는 그 나라의 문화나 친분의 정도에 따라 쓰임이 다양하기 때문에 틀에 박힌 인사말만 사용할 필요는 없습니다.
상대방에 대해 전혀 모를 때는 흔히 Good morning.이라고만 인사하지만, 상대방의 이름이나 성을 알고 있을 경우에는 이름을 붙여 사용하는 것이 좋습니다.

Part 1. 만남·인사 | **15**

) Dialogue

1. **Hello!**
   헬로우!

2. **Hi! How's it going?**
   하이! 하우즈 잇 고잉?

3. **I'm very well, thank you.**
   아임 붸뤼 웰, 땡큐.
   And you?
   앤쥬-?

4. **Fine, thanks./All right, thanks.**
   퐈인, 땡쓰. / 얼- 롸잇, 땡쓰.

5. **How's your family?**
   하우즈 유어 풰멀리?

6. **They are fairly well, thanks.**
   데이 아 풰얼리 웰, 땡쓰.

1. 여보세요! / 이봐! / 어이!
2. 안녕! 어떻게 지내십니까?
3. 잘 지내요, 고맙습니다. 당신은 어떠세요?
4. 좋습니다, 고맙습니다.
5. 가족들은 잘 지내요?
6. 덕분에 다 잘 있습니다.

Good morning, ma'am.
굿 모-닝, 맴-.
좋은 아침이죠, 부인?

Good evening, sir.
굿 이-브닝, 써-.
선생님, 안녕하세요.

Sir(써-)는 손윗사람이나 점포의 손님, 처음 보는 사람, 학생이 선생님을 대할 때 흔히 사용합니다. madam(매덤)은 결혼한 여성에 대한 정중한 호칭으로, '~부인' 등의 뜻입니다. ma'am(맴)은 주인 여자나 가게 점원이 여자 손님을 부를 때 사용하는 말로, '~부인, 아주머니'의 뜻입니다.

Hello!	**Hi!**
헬로우!	하이!
어이! 이봐!	안녕!

친한 친구 사이일 때에는 호칭없이 Hello나 Hi만 써도 좋습니다.

Hello, John!	**Hi, Mary!**
헬로우, 존!	하이, 메뤼!
어이, 존!	안녕, 메리!

처음 보는 사람에게 가볍게 인사할 때, 사람을 부를 때, 전화를 걸어 상대방을 부를 때 Hello!라고 합니다. Hi!는 미국에서 주로 많이 쓰이는데, Hi! 뒤에 상대방의 이름을 붙여도 좋습니다.

▶▶Words

- **hello** [헬로우] 이봐, 안녕하시오 (가벼운 인사)
- **All right** [얼- 롸이트] 더할 나위 없이
- **family** [풰멀리] 가족
- **fairly** [풰얼리] 공평히, 올바르게, 꽤
- **thank you** [땡큐] 고맙습니다

표현으로 익히기

A. 안부를 물을 때

- **How are you doing?**
  하우 아 유 두-잉?
  어떻게 지내십니까?

- **How's it with you?**
  하우즈 잇 위드 유?
  어떻게 지내십니까?

- **Is everything all right?**
  이즈 에브뤼씽 얼- 롸잇?
  잘 지내십니까?

- **Anything new?**
  에니씽 뉴-?
  별일 없으십니까?

- **How was your holiday?**
  하우 워즈 유어 헐리데이?
  휴일 잘 보내셨습니까?

- **How's business?**
  하우즈 비즈니쓰?
  사업은 잘 되십니까?

- **How is your business going?**
  하우 이즈 유어 비즈니쓰 고잉?
  사업은 잘 되십니까?

- **How did you sleep last night?**
  하우 디쥬- 슬립- 래스트 나잇?
  지난 밤에 잘 잤나?

- **Did you have a good dream?**
  디쥬- 해브 어 굿 드림-?
  좋은 꿈 꾸셨습니까?

▶Words

- **everything** [에브뤼씽] 모든 것
- **anything** [에니씽] 모든 것
- **business** [비즈니쓰] 사업, 장사
- **sleep** [슬립-] 잠자다
- **last night** [래스트 나잇] 지난 밤
- **dream** [드림-] 꿈

표현으로 익히기

B. 안부에 대한 응답 (잘 지낸다)

- **I'm very well, thank you.**   잘 지내요, 고맙습니다.
  아임 붸뤼 웰, 땡큐.

- **Fine, thanks. / All right, thanks.**   좋습니다, 고맙습니다.
  퐈인, 땡쓰. / 얼- 롸잇, 땡쓰.

- **Quite well.**   아주 평안합니다.
  콰잇 웰.

- **Pretty well, thanks.**   아주 좋습니다. 고맙습니다.
  프뤼리 웰, 땡쓰.

- **Wonderfully well.**   아주 건강합니다.
  원더플리 웰.

- **A very good one, thank you.**   잘 지냈어, 고맙네.
  어 붸뤼 굿 원, 땡큐.

- **Thanks. I slept very well.**   고마워. 아주 잘 잤네.
  땡쓰. 아이 슬렙트 붸뤼 웰.

▶▶Words

- **quite** [콰잇] 완전히, 아주
- **pretty** [프뤼리] 귀여운, 꽤, 매우
- **wonderfully** [원더플리] 놀랄만큼
- **slept** [슬렙트] 잘 잤다 (sleep의 과거형)

표현으로 익히기

C. 안부에 대한 응답 (보통이다 / 여전하다)

- **So, so.** 　　　　　　　　　　　그저 그래요.
  쏘우, 쏘우.

- **Same as usual.** 　　　　　　　여전합니다.
  쎄임 애즈 유-쥴.

- **About the same.** 　　　　　　여전합니다.
  어바웃 더 쎄임.

D. 안부에 대한 응답 (좋지 않다)

- **Not too(very) good.** 　　　　좋지 않습니다.
  낫 투- (붸뤼) 굿.

- **Not so good.** 　　　　　　　그다지 좋지 않습니다.
  낫 쏘우 굿.

- **Well, not really.** 　　　　　글쎄요, 별로예요.
  웰, 낫 뤼-얼리.

- **I feel really down.** 　　　　기분이 영 별로예요.
  아이 퓔 뤼-얼리 다운.

- **Couldn't be worse.** 　　　　최악입니다.
  쿠든트 비 워-쓰.

▶ Words

- **so** [쏘우] 그(이)와 같이, 그(이)렇게
- **same** [쎄임] 같은, 동일한
- **usual** [유-쥴] 보통의, 평소의
- **wink** [윙크] 눈을 깜박이다
- **really** [뤼-얼리] 참으로, 정말, 확실히
- **worse** [워-씨] 보다 나쁜, 보다 심하게

chapter 02 오랜만에 만났을 때

◗ Dialogue

1 Hi! Long time no see.
하이! 롱- 타임 노우 씨-.

2 What have you been doing lately?
왓 해브 유 빈- 두-잉 레이를리?

3 I've been traveling in Paris.
아이브 빈- 트래블링 인 패리스.

4 Oh! have you?
오우! 해브 유?

How's your family?
하우즈 유어 풰멀리?

5 All of us are fine.
얼- 어브 어쓰 아 퐈인.

All my family have missed you.
얼- 마이 풰멀리 해브 미씨드 유.

6 I miss them, too.
아이 미쓰 뎀, 투-.

Say hello to your family for me.
쎄이 헬로우 투 유어 풰멀리 풔- 미-.

7 Yes, I will.
예스, 아이 윌.

---

1. 안녕! 오랜만이다.
2. 요즘 어떻게 지냈니?
3. 난 파리 여행을 하고 왔어.
4. 오! 그래? 너희 가족들은 잘 지내시니?
5. 모두 잘 계셔. 우리 모두가 널 보고 싶어해.
6. 나도 보고 싶어.
   가족들에게 내 안부 전해줘.
7. 응, 그렇게.

Part 1. 만남 · 인사 | **21**

Long time no see.
롱-   타임   노우 씨-.
오랜만이다.

이 말은 오랫동안 만나지 못했던 사람을 만났을 때 사용하며, 가까운 사이의 사람에게만 쓰는 것이 보통입니다.

I haven't seen you for a while.
아이 해븐트   씬-   유 풔- 어 와일.
오랜만입니다.

이미 친분이 있는 경우 쓰이는 보통의 표현입니다.

▶▶Words

- **long time** [롱- 타임] 오랜, 오랫동안의
- **lately** [레이틀리] 요즘, 최근
- **traveling** [트래블링] 여행의, 여행하는
- **been** [빈-] be의 과거분사
- **miss** [미쓰] 그리워하다
- **them** [뎀] 그(것)들을(they의 목적격)

What have you been doing lately?
왓 해브 유 빈- 두-잉 레이틀리?
요즘 어떻게 지냈니?

What have you been up to?와 같은 뜻입니다. up to는 '지금까지'라는 뜻입니다. 이 말을 줄여 What's up?이라고 많이 쓰며, 친한 사이에 "잘 있었니? 안녕?"이라는 뜻으로 가장 많이 쓰는 표현입니다.

How have you been.
하우 해브 유 빈-.
어떻게 지내셨습니까?

"오랜만입니다"라는 인사 뒤에 안부를 묻는 기본적인 표현입니다.

How is your family?
하우 이즈 유어 풰멀리?
가족들은 잘 지내세요?

상대방과 만났을 때 제 3자의 안부를 묻는 표현은 간단합니다. How is~ (대상)? (~어떻게 지내니?)가 됩니다.

UIDE

우리가 일반적으로 인사할 때 쓰는 "How are you? (어떠십니까?)"는 오랜만에 만났을 경우에는 사용하지 않는 것이 좋습니다.

Say hello to your family for me.
쎄이 헬로우 투 유어 풰멀리 풔- 미-.
네 가족들에게 내 안부 전해줘.

안부를 전해 달라는 말로, 비교적 간단한 표현입니다. 이보다 정중한 표현으로 Please give my best regards to~ (~에게 안부 전해 주세요)가 있습니다.
regards는 '안부'를 전하는 인사로써 '호감, 애정, 존경'이라는 뜻도 가진 단어입니다.
결국 "~에게 나의 깊은 애정, 안부를 전해 주세요"라는 뜻이 됩니다.
안부를 전해 달라는 말을 듣고 "안부 전할게요"라는 말을 하려면 I'll give them your regards.라고 하면 됩니다.

Yes, I Will.
예스, 아이 윌.
네, 그러죠.

안부를 전해 달라는 말을 듣고 '안부 전할게요'라는 응답을 할 때 쓰는 가장 간단한 표현입니다. 이 말은 Yes, I'll give them love to your family.를 줄여서 쓴 표현입니다.

표현으로 익히기

A. 오랜만에 만났을 때

- **Hello, stranger!**
  헬로우, 스트뤠인줘!
  야, 오랜만이다!

- **How long has it been?**
  하울롱- 해즈 잇 빈-?
  이게 얼마만입니까?

- **I haven't seen you in years.**
  아이 해븐트 씬- 유 인 이어쓰.
  몇 년만에 뵙는군요.

- **It was the first time in years.**
  잇 워즈 더 풔-스트 타임 인 이어쓰.
  몇 년만인지 모르겠군요.

B. 오랜만에 만났을 때 (보고 싶었다)

- **I missed you.**
  아이 미시드 유.
  보고 싶었습니다.

- **I want to see you.**
  아이 원-투 씨- 유.
  보고 싶었습니다.

- **I've been missing you.**
  아이브 빈- 미씽 유.
  보고 싶었습니다.

- **I'm so happy to see you.**
  아임 쏘우 해피 투 씨- 유.
  널 봐서 너무 기뻐.

▶ Words

- **stranger** [스트뤠인줘] 문외한
- **year** [이어] 연, 해
- **first** [풔-스트] 첫째, 최초, 초하루
- **time** [타임] 시간, 때
- **want** [원-트] 탐내다, 원하다, 갖고 싶다
- **happy** [해피] 행운의, 기쁜

표현으로 익히기

C. 우연히 만났을 때

- **What do we have here!** 　　　　이게 누구야!
  왓 두- 위- 해브 히어!

- **Look who's here!** 　　　　이게 누구야!
  룩 후즈 히어!

- **What a pleasant surprise!** 　　　　정말 뜻밖이군요!
  왓 어 플레즌트 써프라이즈!

- **What brings you here?** 　　　　여긴 웬일이세요?
  왓 브륑스 유 히어?

D. 연락 못해서 미안하다

- **I'm sorry that I haven't contact you for a long time.**
  아임 쏘-뤼 댓 아이 해븐트 컨택 유 풔-어 롱- 타임.
  　　　　오랫동안 연락 드리지 못해 죄송합니다.

- **Sorry I haven't been in a touch for a while.**
  쏘-뤼 아이 해븐트 빈- 인 어 터취 풔-어 와일.
  　　　　오랫동안 연락 드리지 못해 죄송합니다.

▶▶Words

- **here** [히어] 여기에, 이곳에
- **pleasant** [플레즌트] 즐거운, 좋은
- **surprise** [써프라이즈] 깜짝 놀라게 하다
- **bring** [브륑] 가져오다, 데려오다
- **contact** [컨택] 접촉, 접근, 접선
- **touch** [터취] ~에 닿다, 접촉하다

chapter 03 헤어질 때 인사

Dialogue

1 I think I must go now.
아이 씽크 아이머스트 고우 나우.

2 Must you go already?
머스트 유 고우 얼-뤠디?

3 Well, I have other plans.
웰, 아이 해브 아더 플랜즈.

4 When can I see you again?
웬 캔 아이씨- 유 어겐?

5 I'll be in touch soon.
아일 비 인 터취 쑨-.

6 I'll be waiting for your call.
아일 비 웨이링 풔- 유어 컬-.

7 Yes, I will.
예스, 아이 윌.

8 Bye.
바이.

8 See you again.
씨- 유 어겐.

1. 저 이제 가야겠습니다.
2. 벌써 가야 돼요?
3. 사실, 다른 약속이 있습니다.
4. 언제 다시 만날 수 있을까요?
5. 곧 연락할게요.
6. 전화 연락 기다리겠습니다.
7. 예, 그럴게요.
8. 잘 가세요.
9. 또 만나요.

1. Good bye.
굿   바이.
안녕히 가세요. / 안녕히 계세요.

헤어질 때 쓰이는 인사말. 끝부분을 올려 발음해야 합니다. 앞에서 말한 Good morning.이나 Good afternoon.의 끝부분을 낮추어 발음하면 만났을 때 하는 인사이지만, 높여 발음하면 각각 오전, 오후의 작별인사로 Good bye. 대신 '안녕히 가세요.'라는 뜻으로 쓰입니다.

Good bye.와 같은 뜻으로 작별 인사를 할 때 쓰는 Bye bye.는 주로 어린이들이 애교스럽게 하는 말이며, 친한 친구 사이에서도 사용합니다.

2. Good morning.
굿   모-닝.
안녕히 가세요. (아침 인사)

Good afternoon.
굿   애프터 눈-.
안녕히 가세요. (오후 인사)

3. Good night.
굿   나잇.
안녕히 주무세요. (밤 인사)

그러나 Good evening.의 경우 작별 인사로는 쓰지 않습니다. 해가 지고 어두워졌을 때 헤어지는 인사말로 Good bye.를 쓰지 않는 경우 Good night. 또는 See you~ . 등의 문장을 주로 사용합니다.

▶Words
- **must** [머스트] ~해야 한다, ~할 필요가 있다
- **already** [얼-뤠디] 이미, 벌써
- **when** [웬] 언제
- **again** [어겐] 다시, 또, 본디 상태
- **soon** [쑨-] 이윽고, 곧, 이내
- **waiting** [웨이팅] 기다리기, 대기

표현으로 익히기

A. 헤어질 때 (보통 인사)

- **Good bye to you all.** 여러분, 잘 가세요.
  굿 바이 투 유 얼-.

- **So long.** 그럼 또.
  쏘우 롱-.

- **See you later.** 잘 있어요. / 나중에 또 봐요.
  씨- 유 레이러.

- **See you again.** 또 만나요.
  씨- 유 어겐.

- **See you tomorrow.** 내일 뵙겠습니다.
  씨- 유 투머-뤄우.

- **See you on monday.** 월요일에 뵙겠습니다.
  씨- 유 온 먼데이.

- **Have a nice day!** 좋은 하루 되세요!
  해브 어 나이쓰 데이!

- **Good luck!** 행운이 있기를!
  굿 럭!

▶ Words

- **see** [씨-] 보다, ~이 보이다
- **later** [레이러] 더 늦은, 뒤에, 나중에
- **tomorrow** [투머-뤄위] 내일
- **monday** [먼데이] 월요일
- **nice day** [나이쓰 데이] 좋은 날
- **luck** [럭] 운, 행운

표현으로 익히기

B. 헤어질 때 (저녁 · 밤 인사)

- **Good night.**
  굿 나잇.
  안녕히 주무세요.

- **Good night, children.**
  굿 나잇, 췰드뤈.
  얘들아, 잘자라.

- **Have a nice dream!**
  해브 어 나이쓰 드림-!
  좋은 꿈 꾸세요!

- **Have good night's rest.**
  해브 굿 나잇츠 뤠스트.
  편히 주무세요.

C. 만나서 반가웠다

- **I enjoyed meeting you.**
  아이 인조이드 미-팅 유.
  만나서 즐거웠습니다.

- **It was nice meeting you.**
  잇 워즈 나이쓰 미-팅 유.
  만나서 매우 반가웠습니다.

- **That was awfully nice of you.**
  댓 워즈 어-풜리 나이쓰 어브 유.
  친절히 대해줘서 고맙습니다.

- **Thanks for being with me.**
  땡쓰 풔- 비-잉 위드 미-.
  나랑 있어줘서 고마워.

▶Words

- **night** [나이트] 밤, 야간, 저녁때
- **children** [췰드뤈] 어린이(child의 복수)
- **dream** [드림-] 꿈
- **rest** [뤠스트] 휴식, 안정, 안식처
- **enjoy** [인조이] 즐기다, 맛보다
- **awfully** [어-풜리] 몹시, 무척, 무섭게

표현으로 익히기

D. 다시 만나고 싶다

- **I hope to see you again soon.** 다시 뵙기를 바랍니다.
  아이 호웁 투 씨- 유 어겐 쑨-.

- **Can we meet again?** 다시 만날 수 있을까요?
  캔 위- 밋- 어겐?

- **When can I see you again?** 언제 다시 만날 수 있을까요?
  웬 캔 아이씨- 유 어겐?

- **Will you see me again?** 또 만나 주시겠어요?
  윌류- 씨- 미- 어겐?

E. 연락을 바란다

- **I hope to hear from you soon.** 곧 연락 주시면 고맙겠습니다.
  아이 호웁 투 히어 프럼 유 쑨-.

- **I'll be waiting for your call.** 전화 연락 기다리겠습니다.
  아일 비 웨이링 풔- 유어 컬-.

- **Give me a call later.** 나중에 전화 주세요.
  기브 미- 어 컬- 레이러.

- **I'll be in touch soon.** 곧 연락할게요.
  아일 비 인 터취 쑨-.

▶ Words

- **hope** [호웁] 희망, 기대
- **meet** [밋-] ~을 만나다, ~와 마주치다
- **from** [프럼] ~에서, ~로부터
- **call** [컬-] 부르다, 불러오다
- **later** [레이러] 더 늦은, 뒤에, 나중에
- **touch** [터취] ~에 닿다, 접촉하다

Part 2
소개하기

chapter **04** 첫 인사 및 자기 소개

chapter **05** 상대방 소개하기

chapter 04 첫 인사 및 자기 소개

◐ Dialogue

1. **How do you do?**
   하우 두- 유 두-?

2. **How do you do?**
   하우 두- 유 두-?
   Nice to meet you.
   나이쓰 투 밋-츄-.

3. **Let me introduce myself.**
   렛 미- 인트뤄듀-스 마이쎌프.
   My name is Kyung-hoon,
   마이 네임 이즈 경-훈,
   Cho. I'm from Korea.
   조. 아임 프뤔 코뤼아.

4. **Where do you work?**
   웨어 두- 유 워-크?

5. **I'm a civil servant.**
   아임 어 씨빌 써번트.

1. 처음 뵙겠습니다.
2. 처음 뵙겠습니다.
   만나서 반갑습니다.
3. 제 소개를 하겠습니다.
   내 이름은 조경훈입니다.
   한국에서 왔습니다.
4. 직업은 무엇인가요?
5. 공무원입니다.

Part 2. 소개하기

How do you do?
하우 두- 유 두-?
처음 뵙겠습니다.

소개를 주고받는 자리에서 반드시 나오는 말로서, How와 끝의 do를 세게 발음하고, 중간의 do you는 약하게 발음합니다.

How do you do, Mr. Brown?
하우 두- 유 두-, 미스터 브롸운?
브라운 씨, 처음 뵙겠습니다.

상대방의 성을 알고 있을 경우에는 형식적인 인사말 뒤에 성을 덧붙여 주는 것이 좋습니다. 그리고 상대편에서 How do you do?라고 인사하면 이쪽에서도 바로 How do you do?라고 대답하면 됩니다. you를 강하게 발음합니다.

How do you do? Nice to meet you.
하우 두- 유 두-? 나이쓰 투 밋-츄-.
처음 뵙겠습니다. 만나서 반갑습니다.

How do you do? I'm glad to see you.
하우 두- 유 두-? 아임 글래드 투 씨- 유.
처음 뵙겠습니다. 저도 만나서 반갑습니다.

▶▶Words

- **introduce** [인트뤄듀-스] 소개하다
- **myself** [마이쎌프] 나 자신
- **work** [워-크] 일, 작업, 노동
- **where** [웨어] 어디에, 어디서
- **civil** [씨빌] 시민의, 문명(사회)의
- **servant** [써-뷘트] 공무원, 부하
- **morning** [모-닝] 아침
- **friend** [프렌드] 친구, 벗, 지지자
- **mine** [마인] 나의 것
- **glad** [글래드] 기쁜, 반가운

study 4

It's Nice to meet you.
잇츠 나이쓰 투   밋-츄-.
만나서 반갑습니다.

이 표현은 인사말의 기본입니다.
It's very nice to meet you.라는 표현도 쓰는데, 우리가 듣기에는 약간 과장되게 들릴지도 모르지만 실제로 이러한 표현도 많이 씁니다.

study 5

How do you do? My name is Kyung-hoon Cho.
하우 두- 유 두-? 마이 네임 이즈 경-훈   조.
처음 뵙겠습니다. 저는 조경훈이라고 합니다.

Let me introduce myself.
렛 미- 인트뤄듀-스   마이쎌프.
제 소개를 하겠습니다.

Allow me to introduce myself.
얼라우 미- 투 인트뤄듀-스   마이쎌프.
제 소개를 하겠습니다.

처음 자기 소개를 할 때 상대방이 같은 나이 또래라면 'Let me introduce myself.'보다는 'My name is~'로 하는 것이 더 자연스럽습니다.
앞의 표현은 공식적인 자리에서 자기를 소개할 때 격식을 갖춰서 쓰는 표현이라고 생각하면 됩니다.

UIDE

첫 대면인 경우 상대방이 나이가 많다면 "이름(first name)으로 불러 주세요."라고 말할 때까지는 Mr. / Mrs. / Miss를 붙여 주는 것이 좋습니다.

Dialogue

1. **Good morning, Mr. Brown.**
   굿   모-닝,   미스터 브롸운.

2. **Good morning, Mr. Cho.**
   굿   모-닝,   미스터 조.

3. **A fine day, isn't it?**
   어 퐈인 데이, 이즌트 잇?

4. **Yes, (it is).**
   예스, (잇 이즈).

5. **Mr. Anderson, this is Mr. Frank,**
   미스터   앤더슨,   디스 이즈 미스터 프랭크,
   a friend of mine.
   어 프뤤드 어브 마인.

6. **How do you do, Mr. Anderson?**
   하우 두- 유 두-, 미스터   앤더슨?

7. **How do you do?**
   하우 두- 유 두-?

8. **I'm glad to see you.**
   아임 글래드 투 씨- 유.

1. 안녕하세요, 브라운 씨.
2. 안녕하세요, 조씨.
3. 날씨가 좋죠?
4. 그렇군요.
5. 앤더슨 씨, 이 분이 제 친구 프랭크 씨입니다.
6. 처음 뵙겠습니다, 앤더슨 씨.
7. 처음 뵙겠습니다.
8. 만나서 반갑습니다.

chapter 05 상대방 소개하기

♪ Dialogue

1 **I'd like to introduce you to**
아이들 라잌 투 인트뤄듀-스 유 투
Ji-hoon.
지-훈.

2 **It's nice to meet you, Ji-hoon.**
잇츠 나이쓰 투 밋-츄-, 지-훈.
My name is Benny.
마이 네임 이즈 베니.
Lisa has told me so much
리사 해즈 톨드 미- 쏘우 머취
about you.
어바웃 유.

3 **It's nice to meet you, too, Benny.**
잇츠 나이쓰 투 밋-츄-, 투-, 베니.

1. 지훈이를 당신에게 소개합니다.
2. 만나게 되어서 반가워요, 지훈.
   내 이름은 베니예요.
   리사가 당신 얘기를 많이 했어요.
3. 나도 만나게 되어 반가워요, 베니.

I'd like to introduce you to Miss Mitchell.
아이들 라잌 투 인트뤄듀-스 유 투 미쓰 미첼.
당신에게 미첼 양을 소개해 주고 싶어요.

I would like to~의 준말로 I'd like to~로 씁니다.
상대방에게 사람을 소개할 때 가장 일반적으로 사용하는 문형입니다.

I want to introduce Richard to you.
아이 원-투 인트뤄듀-스 뤼춰-드 투 유.
당신에게 리차드를 소개합니다.

Let me introduce Mr. Kim.
렛 미- 인트뤄듀-스 미스터 김.
미스터 김을 소개합니다.

Allow me to introduce Mr. Kim.
얼라우 미- 투 인트뤄듀-스 미스터 김.
미스터 김을 소개합니다.

또 다른 표현으로 위와 같은 문형도 많이 사용됩니다. 하지만 문장이 길고 발음하기가 까다롭습니다. 이때는 매우 쉬운 소개 방법으로 This is~를 써서 This is my friend(내 친구입니다)라고 하면 쉽게 소개할 수 있습니다.

▶Words

- **introduce** [인트뤄듀-스] 소개하다
- **meet** [밋-] 만나다
- **told** [톨드] 말했다(tell의 과거분사)
- **much** [머취] 다량의, 많은
- **about** [어바웃] ~에 대해, ~경, ~쯤
- **nice** [나이쓰] 좋은, 아름다운

This is Miss Mitchell.
디스 이즈 미쓰 미첼.
이 분은 미첼 양입니다.

This is my friend, Kyung-hoon.
디스 이즈 마이 프렌드, 경-훈.
내 친구 경훈입니다.

My name is Kyung-hoon Cho, and yours?
마이 네임 이즈 경-훈 조, 앤드 유어스?
저는 조경훈입니다만, 성함이 어떻게 되시죠?

May I ask your name, please?
메이 아이 애스크 유어 네임, 플리-즈?
성함이 어떻게 되시죠?

What's your name, please?
왓츠 유어 네임, 플리-즈?
성함이 어떻게 되시죠?

상대방의 이름을 물을 때에는 먼저 자신의 이름을 알려 주고, 상대방의 이름을 묻는 것이 예의입니다. What is your name?과 같은 말을 자주 쓰는데, 이 말은 마치 상대방을 심문하는 것 같은 인상을 주어 상대방에게 불쾌감을 줄 수 있으므로 먼저 자신의 이름을 밝히는 것이 예의입니다.
그러나 굳이 자신의 이름을 밝힐 필요가 없을 경우에는 What is your name, please?라고 하면 됩니다.

사람을 소개할 때는 손아랫사람을 손윗사람에게, 남자를 여자에게 먼저 소개하는 것이 예의입니다. 이 때 악수를 청하는 경우가 있는데, 아랫사람이나 남자가 손윗사람이나 여자에게 먼저 손을 내밀고 악수를 청하는 것은 예의에 어긋난 행동입니다.

표현으로 익히기

A. 소개를 받고 싶을 때

- **Who are they?** 저 사람들은 누구지요?
  후 아 데이?

- **Who is that gentleman?** 저 신사 분은 누구지요?
  후 이즈 댓 젠틀맨?

- **Well, but I know him by name.** 글쎄요, 이름은 압니다만.
  웰, 벗 아이 노우 힘 바이 네임.

- **Will you kindly introduce me to Mr. Thomas?**
  윌류- 카인들리 인트뤄듀-스 미 투 미스터 토마스?
  저를 토마스 씨께 소개해 주시겠습니까?

- **May I have his name?** 그의 성함을 좀 알 수 있을까요?
  메이 아이 해브 히즈 네임?

- **You mean Mr. Frank Wright?** 프랭크 라이트 씨 말씀인가요?
  유 민- 미스터 프랭크 롸이트?

- **Could you introduce me to your friend?**
  쿠쥬- 인트뤄듀-스 미 투 유어 프렌드?
  당신 친구를 소개해 주시겠습니까?

▶Words

- **who** [후] 누구, 어느 사람, 어떤 사람
- **gentleman** [젠틀맨] 신사, 여러분, 남성
- **him** [힘] 그를, 그에게(he의 목적격)
- **kindly** [카인들리] 상냥한, 온화한, 알맞은
- **mean** [민-] 말하다, 의미하다
- **friend** [프렌드] 친구, 벗, 지지자

표현으로 익히기

B. 소개와 관련된 다른 표현들

- **I'll introduce him to you.**
  아일 인트뤄듀-스 힘 투 유.
  제가 그를 소개해 드리지요.

- **I know him very well.**
  아이 노우 힘 붸뤼 웰.
  그 분을 아주 잘 알고 있습니다.

- **I know him by name.**
  아이 노우 힘 바이 네임.
  그 분의 이름을 압니다.

- **I know him by face.**
  아이 노우 힘 바이 풰이스.
  그 분의 얼굴을 압니다.

- **I don't know him.**
  아이 도운 노우 힘.
  나는 그를 모릅니다.

- **It's finally nice to meet you.**
  잇츠 퐈이너리 나이쓰 투 밋-츄-.
  드디어 만나게 되어 반갑습니다.

- **I've heard a lot about you from Tom.**
  아이브 허-드 얼랏 어바웃 유 프뤔 탐.
  탐에게서 당신 얘기 많이 들었습니다.

▶Words

- **introduce** [인트뤄듀-스] 소개하다
- **well** [웰] 잘, 만족히, 더할 나위 없이
- **face** [풰이스] 얼굴, 면목
- **finally** [퐈이너리] 최후로, 마침내, 결국
- **heard** [허-드] 들었다(hear의 과거분사)
- **lot** [랏] 대단히, 많은, 종종

Part 3
초대 · 방문

chapter 06　초대하기

chapter 07　방문하기

chapter 08　돌아갈 때

chapter 06 초대하기

) Dialogue

1 Would you like to join me for
우쥴 라잌   투 조인 미- 풔-

dinner tonight?
디너   투나잇?

2 I'd be happy to.
아이드 비 해피 투.

3 I know a good American restaurant.
아이 노우 어 굿   어메뤼컨   뤠스토뤈트.

4 Great! Is there a dress coat?
그뤠잇! 이즈 데어 어 드뤠스 코-트?

5 No, there isn't.
노우, 데어 이즌트.

Wear whatever you want.
웨어   왓에붜   유 원-트.

6 What time is convenient?
왓 타임 이즈 컨비-니언트?

7 At 7:30.
앳 쎄븐 써-리.

8 O.K., See you then.
오우케이, 씨- 유   덴.

---

1. 오늘 저녁 같이 하고 싶은데요.
2. 기꺼이 그러지요.
3. 제가 좋은 레스토랑을 알고 있거든요.
4. 잘됐군요. 복장을 갖춰야 하나요?
5. 아니오, 편한 복장을 하세요.
6. 몇 시가 편하신가요?
7. 7시 30분이요
8. 좋아요, 그때 보죠.

Part 3. 초대 · 방문 | **43**

study 1

사회생활을 하면서 사람을 사귀다 보면 때로는 상대방을 초대하기도 하고, 자신이 초대를 받기도 합니다.
상대방을 초대할 때에 쓰는 표현은 아주 다양합니다. 점심 식사나 차 한 잔 하자고 하는 가벼운 표현부터 파티나 저녁 식사 등을 같이 하자고 하는 정중한 표현까지….

study 2

Would you like to join me for dinner tonight?
우쥴 라잌   투 조인 미- 풔- 디너   투나잇?
오늘 저와 저녁 식사하시겠어요?

I would you like to invite you to my house?
아이 우쥴 라잌   투 인봐이트 유 투 마이 하우스?
당신을 집에 초대하고 싶은데요?

가장 일반적인 표현으로 would you like to~는 '~하시겠어요?' 라는 표현입니다. 공손한 표현으로 누구에게나 쓸 수 있습니다. would you like to~는 꼭 외워두어야 할 구문입니다.

study 3

Can you come to dinner at my house tonight?
캔 유   컴 투   디너   앳 마이 하우스   투나잇?
오늘 저녁 식사하러 내 집에 올 수 있어요?

좀더 친한 사이에 가볍게 쓸 수 있는 표현입니다.

▶Words

- **join** [조인] 결합하다, ~와 함께 되다
- **dinner** [디너] 정찬, 저녁식사
- **tonight** [투나잇] 오늘 밤
- **food** [푸-드] 식품, 식량, 영양물
- **whatever** [왓에붜] 어떤 ~이라도
- **convenient** [컨비-니언트] 편리한

Level up - 심화학습

study 1

Are you free?
아 유 프뤼-?
시간 있으십니까?

상대방에게 약속을 청할 때 흔히 하는 말입니다. free란 자유롭다, 매어 있지 않다, 즉 시간이 있다는 뜻입니다. free 다음에 원하는 시간을 말하면 됩니다. 대답은 Yes, I'm free나 No, I'm not free로 합니다.

Please call on me when you are free.
플리-즈 콜- 온 미- 웬 유 아 프뤼-.
시간 있을 때 저에게 들러 주십시오.

'call on+사람'은 '~를 방문하다(찾아가다)', 'call at+장소'는 '~를 방문하다(들르다)'인데, come by [컴 바이], stop by [스탑 바이](지나가는 길에 들르다)도 같은 뜻으로 쓰입니다. 방문하는 상대의 이름을 구체적으로 언급하지 않고 대명사를 쓸 경우, 'call on+대명사'나 'call+대명사+on'의 형식을 취할 수도 있습니다.

I called at his house.
아이 콜드 앳 히즈 하우스.
제가 그분 집에 찾아갔습니다.

I called on him. / I called him on.
아이 콜드 온 힘. / 아이 콜드 힘 온.
제가 그를 찾아갔습니다.

Part 3. 초대 · 방문 | **45**

GUIDE

상대방을 초대할 때는 모임의 성격이나 장소 등을 정확하게 전달하고, 시간이 있는지를 먼저 확인해야 합니다. 그래야만 상대방이 복장이나 선물 준비 등에 미리 대처할 수 있습니다.

ex) I really want you come to the barbecue.
　　바베큐 파티에 와 주시겠어요?

- 주로 고기를 구워 먹는 야외 파티 barbecue (바비큐)
- 저녁 식사 파티 dinner party (디너 파-티)
- 간단한 다과와 술을 주로 먹는 파티 cocktail party (칵테일 파-티)
- 손님 각자가 만들어 온 음식으로 여는 파티 potluck party (팟럭 파-티)
- 보통 생일에 여는 깜짝 파티 surprise party (써프롸이즈 파-티)

표현으로 익히기

A. 초대와 관련된 표현

- **Will you come and have tea with us?**
  윌류- 컴 앤 해브 티- 위드 어쓰?
  오서서 저희랑 함께 차를 드시겠어요?

- **Will you take your sister with you?** 동생도 함께 오시겠어요?
  윌류- 테이크 유어 씨스터 위드 유?

- **We shall be waiting for you.** 기다리고 있겠습니다.
  위- 쉘 비 웨이링 풔- 유.

- **Is monday convenient for you?** 월요일은 형편이 어떠신가요?
  이즈 먼데이 컨뷔니언트 풔- 유?

- **You are welcome at our home anytime.**
  유 아 웰컴 앳 아우어 홈 에니타임.
  저희 집에 언제 오셔도 환영합니다.

- **Please give me a ring when you are coming.**
  플리-즈 기브 미- 어 링 웬 유 아 커밍.
  오실 때 전화 주세요.

- **Will you let me know if you can come?**
  윌류- 렛 미- 노우 이프 유 캔 컴?
  올지 안 올지 알려 주세요?

▶Words

- **us** [어쓰] 우리(에게)들을(we의 목적격)
- **sister** [씨스터] 자매
- **waiting** [웨이링] 기다리기, 대기
- **monday** [먼데이] 월요일
- **welcome** [웰컴] 환영, 어서 오십시오
- **anytime** [에니타임] 언제나

표현으로 익히기

B. 승락할 때의 표현

- **Yes, sure.**   좋아요.
  예스, 슈어.

- **With great pleasure.**   기꺼이 가죠.
  위드 그뤠잇 플레져.

- **I'm very happy to come.**   기꺼이 가겠습니다.
  아임 붸뤼 해피 투 컴.

- **O.K., I'm coming.**   좋아요, 가겠습니다.
  오우케이, 아임 커밍.

C. 거절할 때의 표현

- **I'm got a previous engagement.**   중요한 선약이 있습니다.
  아임 갓 어 프뤼-뷔어쓰 인게이쥐먼트.

- **I'm sorry I can't come.**   죄송하지만 갈 수 없군요.
  아임 쏘-뤼 아이 캔트 컴.

- **I'm afraid I can't.**   안타깝게도 갈 수 없군요.
  아임 어프뤠이드 아이 캔트.

- **Maybe some other time.**   다음 기회로 미루지요.
  메이비 썸 아더 타임.

▶▶ Words

- **sure** [슈어] 틀림없는, 확실한, 꼭
- **great** [그뤠잇] 큰, 굉장한, 잘하는
- **pleasure** [플레져] 기쁨, 즐거움
- **previous** [프뤼-뷔어씨] 앞의, 사전의
- **engagement** [인게이쥐먼트] 약속, 약혼
- **afraid** [어프뤠이드] 섭섭하게 생각하는
- **maybe** [메이비] 어쩌면, 아마
- **other time** [아더 타임] 다른 때

chapter 07 방문하기

) Dialogue

1 Thank you for inviting me.
땡큐 풔- 인봐이팅 미-.

2 I'm so glad you've come.
아임 쏘우 글래드 유브 컴.

3 It's my pleasure.
잇츠 마이 플레져.

4 Please come in.
플리-즈 컴 인.

5 Thank you.
땡큐.

6 You have a very nice home.
유 해브 어 붸뤼 나이쓰 홈.

7 Please sit down here.
플리-즈 씻 다운 히어.
Make yourself at home.
메이크 유어쎌프 앳 홈.

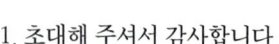

1. 초대해 주셔서 감사합니다.
2. 와 주셔서 매우 기쁩니다.
3. 오히려 제가 영광입니다.
4. 자, 들어오세요.
5. 감사합니다.
6. 집이 참 멋지군요.
7. 여기 앉으세요. 편안하게 있으세요.

1. Thank you for inviting me.
땡큐 풔- 인봐이팅 미-.
초대해 주셔서 감사합니다.

가장 일반적인 문형으로 Thank you for your inviting.과 같은 표현입니다.
Thank you for~는 '~에 감사한다'라는 뜻으로 다른 상황에서도 자주 쓰는 표현입니다. 꼭 외워두어야 할 구문입니다.

2. Thank you for visiting my home.
땡큐 풔- 인봐이팅 마이 홈.
저희 집에 와 주셔서 감사합니다.

반대로 초대한 사람이 먼저 인사를 건넬 때 쓰는 표현입니다.
좀더 친한 사이라면 'Welcome to my home.' 정도로 간단하게 표현해도 무난합니다.

UIDE

초대를 받고 방문할 때에는 복장에 대해 신경을 쓰는 것이 좋습니다. 특히 장소에 따라, 모임의 성격에 따라 규제를 받는 곳이 있으므로 복장에 신경 쓰는 것이 예의입니다.

Dress casually. (드뤠스 캐쥬얼리) [편하게 입으세요.]

Come in formal dress. (컴 인 풔-멀 드뤠스) [정장하고 오십시오.]

▶Words

- **inviting** [인봐이팅] 초청하는, 유혹적인
- **glad** [글래드] 기쁜, 기뻐하는
- **please** [플리-즈] 제발, ~하고 싶어하다
- **sit down** [씻 다운] 앉다, 자리잡다
- **yourself** [유어쎌프] 당신 자신을(에게)
- **nice** [나이쓰] 좋은, 유쾌한

표현으로 익히기

A. 방문과 관련된 표현

- **Is Kyung-hoon at home?**   경훈이 집에 있나요?
  이즈 경-훈 앳 홈?
  = **Is Kyung-hoon in?**
  이즈 경-훈 인?

- **Does Mr. McNulty live here?**   여기가 맥널티 씨 댁입니까?
  더즈 미스터 맥널티 리브 히어?

- **Is he at home?**   그 분은 댁에 계십니까?
  이즈 히 앳 홈?

- **He will be back by two o'clock.**   두 시까지는 돌아오실 겁니다.
  히 윌 비 백 바이 투- 어클락.

- **I will call again.**   다시 찾아 뵙겠습니다.
  아이 윌 컬- 어겐.

- **When may I come and see you?**   언제 찾아 뵈면 될까요?
  웬 메이 아이 컴 앤 씨- 유?

- **May I call at your house?**   댁에 찾아가도 좋겠습니까?
  메이 아이 컬- 앳 유어 하우스?

- **Are you at home in the afternoon?**   오후에 댁에 계십니까?
  아 유 앳 홈 인 디 애프터눈-?

▶Words

- **does** [더즈] do의 3인칭
- **live** [리브] 살다, 거주하다, 생활하다
- **o'clock** [어클락] ~시
- **call** [컬-] 부르다, 불러오다
- **again** [어겐] 다시, 본디 상태로
- **afternoon** [애프터눈-] 오후

표현으로 익히기

B. 접대와 관련된 표현

- **Please make yourself at home.** 편히 계세요.
  플리-즈 메이크 유어쎌프 앳 홈.

- **Please stay as long as you like.** 원하시는 만큼 머무르세요.
  플리-즈 스테이 애즈 롱- 애즈 율라이크.

- **Did you enjoy the dinner?** 저녁 식사는 즐겁게 드셨어요?
  디쥬- 인조이 더 디너?

- **Do you like the food?** 음식은 마음에 드셨어요?
  두- 율라이크 더 푸-드?

- **Help yourself to anything you like.** 맘껏 먹고 싶은 것을 드세요.
  헬프 유어쎌프 투 에니씽 율라이크.

- **Is there anything I can do to help?** 뭐 도와 드릴 것 있습니까?
  이즈 데어 에니씽 아이 캔 두- 투 헬프?

▶Words

- **make** [메이크] 만들다, 짓다, 제작하다
- **stay** [스테이] 머무르다, 체재하다
- **as long as** [에즈 롱- 에즈] ~하는 동안은
- **enjoy** [인조이] 즐기다, 맛보다
- **anything** [에니씽] 무언가
- **help** [헬프] 돕다, 거들어 ~하게 하다

chapter 08 돌아갈 때

) Dialogue

1 I'm afraid I must go now.
아임 어프뤠이드아이 머스트 고우 나우.

2 So soon?
쏘우 쑨-?
Can't you stay a little longer?
캔츄- 스테이 어 리를 롱-거?

3 I've got to go, or miss the last bus.
아이브 갓 투 고우, 오어 미쓰 더 래스트 버스.

4 It's too bad you have to go.
잇츠 투- 배드 유 해브 투 고우.

5 Thank you for a wonderful dinner.
땡큐 풔- 어 원더플 디너.

6 I'm glad to hear that.
아임 글래드 투 히어 댓.

1. 아쉽지만 이제 가 봐야겠군요.
2. 벌써요? 좀더 계시면 안돼요?
3. 가야겠어요, 그렇지 않으면 막차를 놓치거든요.
4. 가셔야 한다니 아쉽네요.
5. 훌륭한 저녁 식사를 대접해 주서서 감사합니다.
6. 그러셨다니 다행입니다.

I'm afraid I must go now.
아임 어프뤠이드아이 머스트 고우 나우.
아쉽지만 이제 가 봐야겠군요.

I think I'll be on my way.
아이 씽크 아일 비 온 마이 웨이.
그만 일어나야 할 것 같아요.

I'm afraid(아쉽지만)나 I think(~ 라고 생각한다)는 생략하고 쓸 수도 있습니다. 문장 앞에 붙여서 쓸 경우에는 아쉬움의 의미를 담고 있으면서 좀더 완곡한 표현이라고 할 수 있습니다.

Must you go already?(so soon?)
머스트 유 고우 얼-뤠디?   (쏘우 쑨-?)
벌써 가야 해요?

만류할 때 쓰이는 표현으로 already?(벌써?)나 so soon?(그렇게 빨리?)으로만 짧게 쓸 수도 있습니다.
Must you(~해야 한다) 대신 아래의 예문처럼 Can't you(~하지 않다)를 써서 반대적인 표현을 할 수도 있습니다. 의미는 같지만….
ex) Can't you stay a little longer? (좀더 계시면 안돼요?)

▶Words

- **afraid** [어프뤠이드] 섭섭하게 생각하는
- **soon** [쑨-] 급히, 곧, 이내
- **It's too bad~** [잇츠 투-배드]
  그것 참 안됐군
- **miss** [미씨] (기회를) 놓치다
- **wonderful** [원더플] 놀랄만한, 훌륭한
- **glad** [글래드] 기쁜, 반가운

Level up - 심화학습

study 1

안부를 전해 달라는 말은 여러 가지 표현이 있습니다.
모두 일반적으로 많이 쓰는 표현이므로 익혀 두어야 할 구문입니다.

▷ **give one's regards to ~**
  ex) Please give my regards to your family.

▷ **remember me to ~**
  ex) Please remember me to your family.

▷ **give one's best wishes ~**
  ex) Please give my best wishes to your family.

GUIDE

만류한다는 것은 상대방이 어떤 이유 때문에 돌아가려고 하는지를 확인하는 상황이기도 합니다.

상대방이 떠나겠다고 하면 완곡하게 만류하는 것이 예의이기도 하겠지만, 지나치게 여러 번 만류하는 것은 예의에 벗어난 행동입니다.

▶Words

- **think** [씽크] ~라고 생각하다, ~라고 여기다
- **already** [얼-풰디] 이미, 벌써
- **invite** [인봐이트] 초청하다, 초대하다
- **regards** [뤼가-즈] 안부인사, 관심
- **family** [풰멀리] 가족, 가정
- **weekend** [위-켄드] 주말

Dialogue

1 I think I'll be on my way.
아이 씽크 아일 비 온 마이 웨이.

2 Must you go already?
머스트 유 고우 얼-뤠디?

3 I have had a very nice time.
아이 해브 해드 어 붸뤼 나이쓰 타임.

4 That's my pleasure.
댓츠 마이 플레져.

5 I'll invite you the next time.
아일 인봐이트 유 더 넥스트 타임.

6 Please give my regards to
플리-즈 기브 마이 뤼가-즈 투

your family.
유어 풰멀리.

7 Yes, I will.
예스, 아이 윌.

8 Have a nice weekend.
해브 어 나이쓰 위-켄드.

1. 그만 일어나야 할 것 같아요.
2. 벌써 가야 해요?
3. 즐거운 시간이었습니다.
4. 오히려 제가 기쁘죠.
5. 다음엔 제가 당신을 초대하겠습니다.
6. 가족에게 내 안부 전해 주세요.
7. 네, 그러죠.
8. 즐거운 주말 보내세요.

Part 4
감사 표현

chapter 09　감사 표현

chapter 09 감사 표현

Dialogue

1 Here is a little something for you.
 히어리즈 어 리틀 썸씽 풔- 유.
 I hope you like it.
 아이 호웁 율라이크 잇.

2 Wow, it's a surprise.
 와우, 잇츠 어 써프롸이즈.

3 Please open it.
 플리-즈 오픈 잇.

4 It's exactly what I wanted.
 잇츠 익잭틀리 왓 아이 원-티드.

5 I'm glad you like it.
 아임 글래드 율라이크 잇.

6 I can't thank you enough.
 아이 캔트 땡큐 이너프.

7 Not at all.
 낫 앳 얼-.

1. (선물을 건네며) 이거 별거 아닙니다만. 마음에 드셨으면 좋겠습니다.
2. 이거 정말 뜻밖이군요.
3. 열어 보세요.
4. 제가 꼭 갖고 싶었던 것입니다.
5. 마음에 든다니 다행입니다.
6. 뭐라고 감사를 드려야 할지 모르겠군요.
7. 천만에요.

study 1

Thank you.
땡큐.
감사합니다. / 고맙습니다.

Thanks.
땡쓰.
감사합니다. / 고맙습니다.

영국인들의 경우, 앞은 '땡'은 아주 약하게 거의 들리지 않을 정도로 발음하고 뒤의 '큐'를 분명하고 강하게 높여 발음합니다. 미국인들은 반대로 '땡'을 강하게 발음하고 '큐'의 끝을 낮추어 발음합니다. Thank you. 대신에 그냥 Thanks.(땡쓰)라고 해도 좋으나 이것은 보통 친한 사이에 많이 쓰며, 손윗사람에게 쓰면 실례가 됩니다. 상대방으로부터 Thank you.라는 말을 들으면 보통은 '천만에요.'라는 뜻으로 Not at all.이라고 대답합니다.

study 2

Thank you very(so) much.
땡큐 붸뤼 (쏘우) 머취.
대단히 감사합니다.

Thank you for your help.
땡큐 풔- 유어 헬프.
도와 주셔서 감사합니다.

일상 생활에서 많이 사용하는 말인데도, 막상 외국 사람과 대화를 하려면 말문이 막히는 경우가 있습니다. 익숙해질 수 있도록 반복하는 것이 중요합니다. '~에 대하여 감사합니다'라고 할 때에는 일반적으로 Thank you for ~ 의 형식을 사용합니다.

▶Words

- **something** [썸씽] 무언가, 어느 정도, 다소
- **enough** [이너프] 충분한, ~할 만큼
- **wanted** [원-티드] 원하다
  (want의 과거분사)
- **exactly** [익잭틀리] 꼭, 바로
- **surprise** [써프라이즈] 깜짝 놀라게 하다
- **open** [오픈] 열린, 열려 있는

I'm much obliged to you.
아임   머취   오블라이쥐드 투   유.
매우 감사합니다.

I'm very grateful to you.
아임 붸뤼   그뤠잇풀 투   유.
정말 고맙습니다.

thank 대신에 oblige(오블라이쥐), grateful(그뤠이트플)을 사용하여 표현해도 같은 의미입니다.

Not at all.
 낫 앳 얼-.
천만의 말씀을.

Don't mention it.
  도운   멘션   잇.
천만에요.

감사하다는 인사에 대한 응답으로 '천만에요', '아니에요'라는 겸손의 의미를 지닌 Not at all.은 매우 공손한 영국식 표현이며, 가장 일반적인 쓰이는 표현입니다.

It's nothing.
잇츠　　나씽.
변변치 않은걸요.

You're welcome.
유아　　　웰컴.
천만에요.

미국에서는 일반적으로 You're welcome.을 많이 쓰며, 서로 친한 사이나 친구 관계일 때는 짧게 Welcome.이라고 줄여 쓰기도 합니다.

That's my pleasure.
댓츠　마이　　플레져.
저야말로.

It's my pleasure.
잇츠　마이　　플레져.
저야말로.

that is를 생략하고 My pleasure.만으로 줄여서 써도 무방합니다. '오히려 제가 기쁘죠.'라는 뜻을 담고 있지만 보통 '저야말로'라고 해석됩니다.

표현으로 익히기

A. 일반적인 감사의 표현들

- **Much obliged.**
  머취   오블라이쥐드.
  신세 많이 졌습니다.

- **(You are) very good.**
  (유 아) 붸뤼 굿.
  감사합니다.

- **You have done me a great favor.**
  유 해브 던 미- 어 그뤠잇 풰이붜.
  저를 위해 수고 많이 하셨습니다.

- **You are really too kind.**
  유 아 뤼-얼리 투- 카인드.
  정말 무척 친절하시군요.

- **Thank you for your visit.**
  땡큐 풔- 유어 뷔짓.
  방문해 주셔서 고맙습니다.

- **I'll remember it forever.**
  아일   뤼멤버   잇 풔-뤠붜.
  영원히 기억하겠습니다.

- **I'll never forget your kindness.**
  아일 네붜 풔겟 유어 카인드니쓰.
  당신의 친절을 결코 잊지 않겠습니다.

- **I shall not forget it. You may be sure.**
  아이 쉘 낫 풔겟 잇. 유 메이 비 슈어.
  절대로 잊지 않겠습니다.

▶ Words

- **oblige** [오블라이쥐] 은혜받은 것을 고맙게 여기다
- **favor** [풰이붜] 친절, 호의
- **really** [뤼-얼리] 참으로, 정말
- **visit** [뷔짓] 방문하다
- **remember** [뤼멤버] 생각해내다, 기억하고 있다
- **forever** [풔-뤠붜] 영원히
- **kindness** [카인드니쓰] 친절

표현으로 익히기

B. 선물을 받았을 때의 표현들

- **It's exactly what I wanted.**
  잇츠 익잭틀리 왓 아이 원-티드.
  제가 꼭 갖고 싶었던 것입니다.

- **Wow, it's a surprise.**
  와우, 잇츠 어 써프라이즈.
  이거 정말 뜻밖이군요.

- **Is this really for me?**
  이즈 디스 뤼-얼리 풔- 미-?
  이게 정말 제가 받을 것입니까?

- **You could not have chosen anything more suitable.**
  유 쿠드 낫 해브 초우즌 에니씽 모어 수-러블.
  제게 딱 어울리는 것을 고르셨군요.

- **Are you sure you can spare it?**
  아 유 슈어 유 캔 스페어 잇?
  정말 받아도 좋겠습니까?

- **Thank you most heartily for the precious gift.**
  땡큐 머우스트 하-틀리 풔- 더 프뤠셔쓰 기프트.
  귀한 선물 주신 데 대해 진심으로 사의를 표합니다.

▶Words

- **exactly** [익잭틀리] 꼭, 바로
- **surprise** [써프라이즈] 깜짝 놀라게 하다
- **chosen** [초우즌] 선발된, 정선된
- **suitable** [수-러블] 적당한, 어울리는
- **spare** [스페어] 소중히 다루다
- **heartily** [하-틀리] 마음으로부터
- **precious** [프뤠셔쓰] 귀중한, 비싼
- **gift** [기프트] 선물

표현으로 익히기

C. 사례의 말에 대한 답례 표현

- **Don't mention it.**
  도운 멘션 잇.
  그런 말씀 하지 마세요.

- **That's all right.**
  댓츠 얼- 롸이트.
  괜찮습니다.

- **You're quite welcome.**
  유아 콰잇 웰컴.
  천만에요.

- **It's not worth mentioning.**
  잇츠 낫 워-쓰 멘셔닝.
  아무것도 아닙니다.

- **Please forget it.**
  플리-즈 풔겟 잇.
  염두에 두지 마세요.

- **No trouble at all.**
  노우 트롸벌 앳 얼-.
  아무것도 아닙니다.

- **I'm very glad to have been of use to you.**
  아임 붸뤼 글래드 투 해브 빈- 어브 유-즈 투 유.
  도움이 되었다니 대단히 기쁘군요.

- **Glad to help.**
  글래드 투 헬프.
  도움이 되어 기뻐.

▶Words

- **mention** [멘션] 말하다
- **quite** [콰잇] 매우
- **forget** [풔겟] 잊다
- **trouble** [트롸벌] 걱정, 고생
- **worth** [워-쓰] ~의 가치가 있는
- **no more** [노우 모어] 더 이상 ~않다
- **use** [유-즈] 쓰이다, 사용되다
- **help** [헬프] 돕다

Part 5
감정 표현

chapter 10　　감정 표현

chapter 10 감정 표현

Dialogue

1 What's the matter?
왓츠 더 매러?

2 I had my purse stolen.
아이 해드 마이 퍼-쓰 스토울른.

3 Oh, that's too bad!
오우, 댓츠 투- 배드!

4 I promised her to buy a new jacket,
아이 프라미스트 허- 투 바이 어 뉴- 재킷,

for it's Mary's birthday today, but….
풔- 잇츠 메뤼즈 버-스데이 투데이, 벗….

5 Don't worry, John.
도운 워-뤼, 존.

I'll borrow you some money.
아일 버뤄우 유 썸 머니.

6 Really? Thank you so much, Tom.
뤼-얼뤼? 땡큐 쏘우 머취, 톰.

7 Not at all.
낫 앳 얼-.

1. 무슨 일 있어?
2. 내 지갑을 도둑맞았어.
3. 정말 안됐다!
4. 오늘이 메리 생일이라서 새 재킷을 사 주겠다고 약속했는데….
5. 걱정마, 존. 내가 돈을 좀 빌려줄게.
6. 정말? 정말 고마워, 톰.
7. 천만에.

What's the matter?
왓츠 더 매러?
무슨 일이죠?

What happened? 또는 What's wrong?, What's the problem? 과 같은 뜻으로 대체하여 사용할 수 있습니다.

That's too bad.
댓츠 투- 배드.
그거 안됐군요.

슬픈 소식을 들었을 때 쓰이는 표현입니다. too bad 대신에 good을 써서 That's good.이라고 하면 '그거 잘됐군요.'라는 반대적인 표현이 됩니다.

Well done!
웰 던!
잘 되었어! 훌륭해!

'바르게 잘 처리된'이란 의미의 형용사지만 사람이나 사물을 칭찬할 때 쓰이는 감탄문으로 쓰입니다.

▶Words

- **matter** [매러] 문제, 일(사건)
- **purse** [퍼-씨] 지갑
- **worry** [워-뤼] 걱정하다
- **borrow** [버뤄우] 빌리다
- **stolen** [스토울른] 훔쳤다(steal의 과거분사 steal>stole>stolen)
- **promise** [프롸미씨] 약속하다
- **really** [뤼-얼리] 참으로, 정말, 확실히

Thank God!
땡크 갓!
정말 고마워라!

즐거움을 나타낼 때 쓰는 일반적인 표현으로 Thank God Heaven! 을 줄여서 간단하게 쓴 표현입니다.

Dear me!
디어 미-!
깜짝이야!

놀라움을 나타낼 때 보통 Dear me!라든지 Oh, dear!라고 말하는데, Oh, my!, Christ!(크라이스트) 등도 자주 쓰입니다. 모두 '아이구!', '깜짝이야!' 등의 뜻입니다.

Damn it!
댐 잇!
제기랄! / 젠장!

저주나 노여움 등의 감정을 나타내는 말은 Christ!, Hell!, Hang it! 등이 있습니다. 물론 우리가 외국인과 대화를 할 때에는 이런 표현을 쓰지 않는 것이 좋습니다. 그러나 외국인들끼리 다툼을 벌일 때에는 이러한 표현들이 자주 등장합니다.

▶▶Words
- **problem** [프롸블럼] 문제
- **nervous** [너-뷔쓰] 소심한
- **nervous about** [너-뷔쓰 어바웃] ~을 걱정하다
- **interview** [인터뷰-] 면접
- **keep** [킵-] 계속하다
- **sure** [슈어] 틀림없는, 확실한, 꼭

Dialogue

1 What's your problem?
왓츠   유어   프롸블럼?

2 I'm very nervous about
아임 붸뤼 너-붜쓰 어바웃
the interview.
디   인터뷰-.

3 Don't worry, You can do it.
도운 워-뤼, 유 캔 두- 잇.
I'm sure.
아임 슈어.

4 Keep your fingers crossed for me.
킵   유어   핑거스 크뤄-쓰트 풔- 미-.

5 I will, Do your best.
아이 윌, 두- 유어 베스트.

6 Thanks to your help.
땡-쓰 투 유어 헬프.

7 Glad to help.
글래드 투 헬프.

1. 무슨 문제 있니?
2. 면접에 신경이 많이 쓰여요.
3. 걱정마, 넌 잘 할 수 있어. 난 믿어.
4. 행운을 빌어주세요.
5. 그럴게, 최선을 다해라.
6. 도움 주셔서 감사해요.
7. 도움이 되어 기뻐.

표현으로 익히기

A. 기쁠 때 · 즐거울 때

- **Thank God !**
  땡크   갓!
  정말 고마워라!

- **I'm glad of it !**
  아임 글래드 어브 잇!
  그거 기쁜 일이군!

- **I'm so(very) glad !**
  아임 쏘우 (붸뤼) 글래드!
  참 기쁘다!

- **How happy I am !**
  하우   해피 아이 앰!
  얼마나 기쁜가!

- **How lucky !**
  하우   럭키!
  정말 다행이군!

- **How pleased I am !**
  하우   플리-즈드 아이 앰!
  이 얼마나 즐거운가!

- **Oh, how glad I am !**
  오우, 하우 글래드아이 앰!
  어찌나 좋은지!

- **Nothing could make me happier.** 이처럼 행복한 일은 없었다.
  나씽   쿠드   메이크 미-   해피어.

▶ Words

- **god** [갓] 신(神)
- **glad** [글래드] 기쁜, 반가운
- **happy** [해피] 즐거운
- **lucky** [럭키] 운좋은
- **pleased** [플리-즈드] 기뻐하는
- **happier** [해피어] ~보다 더 행복한

표현으로 익히기

- **I am highly pleased.**
  아이 앰   하일리   플리-즈드.
  매우 만족합니다.

- **This is all that I can desire.**
  디스 이즈 얼- 댓 아이 캔   디자이어.
  더 이상 바랄 것이 없습니다.

- **I like it very much.**
  아이라이크 잇 붸뤼 머취.
  매우 좋습니다.

- **I've enjoyed myself very much.**
  아이브 인조이드 마이쎌프 붸뤼 머취.
  정말 즐겁게 지냈습니다.

- **I enjoyed very much.**
  아이 인조이드 붸뤼 머취.
  아주 만족합니다.

- **I'm beside myself with joy.**
  아임 비싸이드 마이쎌프 위드 조이.
  너무 기뻐서 내 정신이 아닌 것 같아요.

▶▶Words

- **highly** [하일리] 대단히
- **desire** [디자이에] 바라다
- **enjoy** [인조이] 즐기다, 맛보다
- **myself** [마이쎌프] 나 자신
- **beside** [비싸이드] ~을 벗어나
- **joy** [조이] 기쁨

표현으로 익히기

B. 격려 · 칭찬할 때

- **Well done!**
  웰 던!
  잘 되었어! 훌륭해!

- **Excellent! / Wonderful!**
  엑썰런트! / 원더플!
  아주 훌륭해!

- **I'm proud of you!**
  아임 프롸우드 어브 유!
  당신이 자랑스러워요!

- **Wonderful man(girl)!**
  원더플 맨 (걸)!
  장하다!

- **Oh, isn't it beautiful(lovely)?**
  오우, 이즌 잇 뷰-리플 (러블리)?
  참 아름답지요?

- **Bravo!**
  브롸보!
  야, 잘했어!

- **Attaboy! / That's the boy!**
  애터보이! / 댓츠 더 보이!
  좋아! 굉장한데! 잘한다!

- **Capital! That's great!**
  캐퍼들! 댓츠 그뤠잇!
  아주 훌륭해!

- **Do your best.**
  두- 유어 베스트.
  최선을 다하세요.

▶ Words

- **excellent** [엑썰런트] 훌륭한
- **be proud of** [비 프롸우드 어브] ~을 자랑스러워하다
- **wonderful** [원더플] 장하다
- **attaboy** [애터보이] 잘한다
- **capital** [캐퍼들] 우수한

) 표현으로 익히기

C. 슬플 때

- **Alas!**
  얼래스!
  저런, 가엾어라!

- **Poor fellow!**
  푸어 풸로우!
  참 안됐군! / 불쌍한 녀석!

- **I'm very sorry.**
  아임 붸뤼 쏘-뤼.
  참 안됐군.

- **Oh, dear!**
  오우, 디어!
  정말 안됐군!

- **What a pity!**
  왓 어 피티!
  저런!

- **Oh, no!**
  오우, 노우!
  아이고, 저런!

- **I'm so sad I could cry.**
  아임 쏘우 쌔드 아이 쿠드 크롸이.
  너무 슬퍼서 울고만 싶어.

- **What a sad thing!**
  왓 어 쌔드 씽!
  참 슬픈 일이구나!

- **I am heartbroken.**
  아이 앰   하-트브뤄우큰.
  가슴이 터질 것 같구나.

▶▶Words

- **poor** [푸어] 불쌍한
- **fellow** [풸로우] 녀석, 친구, 한 패
- **pity** [피티] 동정
- **sad** [쌔드] 슬픈
- **cry** [크롸이] 울다, 소리치다
- **heartbroken** [하-트브뤄우큰] 비탄에 잠긴

표현으로 익히기

D. 위로할 때

- **Cheer up!**
  치어 업!
  기운내요!

- **Hang in there!**
  행 인 데어!
  참고 버텨라!

- **Don't give up.**
  도운 기브 업.
  포기하지 마세요.

- **Don't worry about it.**
  도운 워-뤼 어바웃 잇.
  걱정 마세요.

- **It'll be all right.**
  잇일 비 얼- 롸잇.
  잘될 거예요.

- **You're on the right track.**
  유어 온 더 롸잇 트랙.
  잘될 거예요.

- **Calm down.**
  캄- 다운.
  진정하세요.

- **Don't cry.**
  도운 크롸이.
  울지 마세요.

- **Don't be too discouraged.**
  도운 비- 투- 디스커뤼지드.
  너무 낙심하지 마세요.

▶▶Words

- **cheer** [치어] 격려
- **hang** [행] 매달다
- **on the right track**
  [온 더 롸이트 트랙] 타당하여
- **worry** [워-리] 걱정하다
- **calm** [캄-] 침착한, 냉정한
- **discourage** [디스커뤼쥐] 낙심하다

표현으로 익히기

E. 무서울 때

- **Don't be afraid.**
  도운 비 어프뤠이드.
  무서워하지 마라.

- **I'm afraid of many things.**
  아임 어프뤠이드 어브 메니 씽즈.
  무서운 게 많아요.

- **I dread to think of it.**
  아이 드뤠드 투 씽크 어브 잇.
  그 생각만 하면 무서워요.

- **I have a fear of heights.**
  아이 해브 어 퓌어 어브 하이츠.
  저는 고소공포증이 있어요.

- **I have a fear of being home alone.**
  아이 해브 어 퓌어 어브 비-잉 홈 얼론.
  혼자 집에 있으면 무서워요.

- **I have a fear of speaking in public.**
  아이 해브 어 퓌어 어브 스피-킹 인 퍼블릭.
  많은 사람들 앞에서 말하는 게 무서워요.

- **I'm afraid to drive in heavy traffic.**
  아임 어프뤠이드 투 드롸이브 인 헤비 트뤠퓍.
  꽉 막힌 도로에서 운전하는 게 무서워요.

- **Yes, I have many fears.**
  예스, 아이 해브 메니 퓌어즈.
  예, 무서워하는 게 많아요.

▶Words

- **afraid** [어프뤠이드] 섭섭하게 생각하는
- **dread** [드뤠드] 무서워하다
- **fear** [퓌어] 두려움
- **height** [하이트] 고지
- **public** [퍼블릭] 공공의
- **traffic** [트뤠퓍] 교통

표현으로 익히기

F. 놀랄 때

- **Dear me!**   깜짝이야!
  디어 미-!

- **God bless me!**   저런! 저걸 어째!
  갓 블레쓰 미-!

- **Oh, dear! / Oh, my!**   어머나! 야! 어이구!
  오우, 디어! / 오우, 마이!

- **My gracious!**   이런, 원!
  마이 그뤠이셔쓰!

- **Oh, goodness.**   이런, 원!
  오우, 굿니쓰.

- **What a pity!**   쯧쯧, 가엾게도!
  왓 어 피티!

- **What?**   뭐?(높은 어조로 발음한다.)
  왓?

- **Bless my soul!**   원 이런!
  블레쓰 마이 쏘울!

- **Well, I never!**   설마!
  웰, 아이 네붜!

▶Words

- **bless** [블레쓰] 축복하다
- **gracious** [그뤠이셔쓰] 호의적인
- **goodness** [굿니쓰] 친절
- **pity** [피티] 동정
- **never** [네붜] 결코 ~하지 않다
- **soul** [쏘울] 정신, 영혼

◐ 표현으로 익히기

- **Well, well, well!**
  웰, 웰, 웰!
  이런, 이런!

- **Good(ness) gracious!**
  굿 (니쓰) 그뤠이셔쓰!
  아이, 깜짝이야!

- **Christ!**
  크롸이스트!
  깜짝이야!

- **Gee!**
  지이-!
  저런! / 아이고! / 아이 깜짝이야!

- **Really?**
  뤼-얼리?
  정말로?

- **Ouch!**
  아우취!
  아야!

- **Oh, my God!**
  오우, 마이 갓!
  세상에! 저런! 이를 어째! 맙소사!

- **Oh, I'm surprised!**
  오우, 아임 써프라이즈드!
  깜짝 놀랐잖아!

- **Oh, you surprised me!**
  오우, 유 써프라이즈드 미-!
  깜짝 놀랐잖아!

- **Oh, really?**
  오우, 뤼-얼리?
  아, 그래요?

▶ Words

- **surprise** [써프라이즈] 깜짝 놀라게 하다
- **really** [뤼-얼리] 참으로, 정말, 확실히
- **nice** [나이쓰] 좋은, 훌륭한
- **god** [갓] 신(神)

표현으로 익히기

G. 화가 났을 때

- **Get out!** 꺼져!
  겟 아웃!

- **Shut up!** 닥쳐!
  셧 업!

- **Hang it!** 제기랄!
  행 잇!

- **Gosh! / Golly!** 빌어먹을!
  가쉬! / 갈리!

- **Hell!** 제기랄! / 빌어먹을!
  헬!

- **Are you not ashamed of yourself?** 부끄럽지도 않나?
  아 유 낫 어쉐임드 어브 유어쎌프?

- **This is going too far.** 더 이상 참을 수 없어.
  디스 이즈 고잉 투- 퐈-.

- **The devil take you!** 망할 자식!
  더 데블 테이크 유!

- **Shame on you! / What a shame!** 염치없는 놈!
  쉐임 온 유! / 왓 어 쉐임!

▶▶ Words

- **get** [겟] 얻다
- **shut** [셧] 닫다
- **hell** [헬] 지옥
- **ashamed** [어쉐임드] 부끄러이 여겨
- **devil** [데블] 악마
- **shame** [쉐임] 부끄러움
- **flesh** [플레쉬] 살, 육체
- **creep** [크륍-] 섬뜩하다

표현으로 익히기

- **That makes my flesh creep.** 진절머리가 난다.
  댓 메이크스 마이 플레쉬 크롭-.

- **Mind your own business!** 참견 말아!
  마인드 유어 오운 비즈니쓰!

- **What a nuisance!** 귀찮아!
  왓 어 뉴-슨쓰!

- **Get out of my sight!** 내 앞에서 꺼져!
  겟 아웃 어브 마이 싸이트!

- **Get out of here!** 썩 꺼져!
  겟 아웃 어브 히어!

- **Beat it! Scram!** 없어져! 꺼져!
  비-트 잇! 스크램!

- **Get the hell out of here!** 꺼져 버려!
  겟 더 헬 아웃 어브 히어!

- **No excuse!** 변명해도 소용없어!
  노우 익쓰큐-스!

- **Don't argue!** 무슨 변명이냐!
  도운 아-규!

- **None of your lip!** 건방진 소리 마!
  넌 어브 유어 립!

▶ Words

- **nuisance** [뉴-슨쓰] 귀찮음
- **sight** [싸이트] 시각, 풍경
- **scram** [스크램] 급히 떠나다
- **clear** [클리어] 맑은, 투명한
- **argue** [아-규-] 주장하다
- **lip** [립] 입술

표현으로 익히기

H. 주저나 의심을 나타낼 때

- **That's very queer.** 정말 이상한데.
  댓츠 붸뤼 퀴어.

- **How strange!** 정말 이상하군!
  하우 스트뤠인쥐!

- **That's very funny.** 정말 묘하군.
  댓츠 붸뤼 풔니.

- **Indeed?** 정말?
  인디-드?

- **Why?** 어째서요?
  와이?

- **Perhaps so.** 아마 그럴 거야.
  퍼햅쓰 쏘우.

- **It's quite probable.** 아마도 그럴 거야.
  잇츠 콰잇 프롸버블.

- **Very likely.** 아마도.
  붸뤼 라이클리.

- **Well, yes, I guess so.** 글쎄요, 아마 그렇겠지요.
  웰, 예스, 아이 게쓰 쏘우.

▶ Words

- **queer** [퀴어] 이상한, 기묘한
- **strange** [스트뤠인쥐] 이상한, 낯선
- **funny** [풔니] 기묘한, 별스러운
- **indeed** [인디-드] 정말, 참으로
- **perhaps** [퍼햅씨] 아마, 어쩌면
- **probable** [프롸버블] 있음직한
- **guess** [게쓰] 추측하다
- **maybe** [메이비] 어쩌면, 아마

Part 5. 감정 표현 | **81**

◐ 표현으로 익히기

- **Oh, maybe.**
  오우, 메이비.
  아, 아마.

- **I suppose so.**
  아이 써포우즈 쏘우.
  그렇게 짐작합니다.

- **Well?**
  웰?
  그래서요?

- **Do you mean it?**
  두- 유 민- 잇?
  그런 뜻입니까?

- **I should think so.**
  아이 슈드 씽크 쏘우.
  그렇다고 생각해야겠지.

- **It's quite possible.**
  잇츠 콰잇 파써블.
  가능한 말이야.

- **I hope so.**
  아이 호웁 쏘우.
  그러길 바라네.

▶Words

- **suppose** [써포우즈] 가정하다, 추측하다
- **mean** [민-] 의미하다
- **possible** [파써블] 가능한
- **quite** [콰잇] 완전히, 아주
- **hope** [호웁] 희망, 기대
- **so** [쏘우] 그(이)와 같이, 그(이)렇게

Part 6

질문할 때 · 호칭 표현

chapter 11 　 질문할 때의 기본 표현

chapter 12 　 부가의문문 표현

chapter 13 　 의문사 표현

chapter 14 　 상대방을 부를 때

chapter 15 　 가족 사이의 호칭

chapter 11 질문할 때의 기본 표현

Dialogue

1 Mr. James, what is that?
미스터 제임스, 왓 이즈 댓?

2 It's a house.
잇츠 어 하우스.

3 Isn't it a hotel?
이즌트 잇 어 호텔?

4 No, I don't think so.
노우, 아이 도운 씽크 쏘우.

5 It's a very large house, isn't it?
잇츠 어 붸뤼 라-쥐 하우스, 이즌트 잇?

6 Yes. Perhaps it's a villa.
예스. 퍼햅쓰 잇츠 어 뷜러.

7 Maybe.
메이비.

---

1. 제임스 씨, 저것은 무엇입니까?
2. 그것은 집입니다.
3. 호텔이 아닙니까?
4. 아니오, 전 그렇게 생각지 않습니다.
5. 매우 큰집이지요?
6. 그렇군요. 아마 별장이겠지요.
7. 그렇겠네요.

Part 6. 질문할 때 · 호칭 표현

study 1

Excuse me, but tell me the way to the station.
익쓰큐-즈 미-, 벗 텔 미- 더 웨이 투 더 스테이션.
실례지만, 정거장으로 가는 길 좀 가르쳐 주세요.

Excuse me, but where can I find the director?
익쓰큐-즈 미-, 벗 웨어 캔 아이 퐈인드 더 디뤡터?
미안합니다만, 사장님은 어디 계십니까?

Pardon me, may I have your name, please?
파-든 미-, 메이 아이 해브 유어 네임, 플리-즈?
실례지만, 이름이 어떻게 되시죠?

타인에게 무엇인가를 질문할 때, 특히 상대방이 낯선 사람인 경우는 '실례지만~', '말씀 좀 묻겠습니다만~'의 뜻으로 먼저 Excuse me.(익쓰큐-즈 미)나 Pardon me.(파-든 미), I beg your pardon.(아이 베그 유어 파-든)이라고 한 다음에 하고 싶은 질문을 하는 것이 좋습니다.

study 2

Is this your mobile?
이즈 디스 유어 모바일?
이것은 당신의 핸드폰입니까?

Yes, it is.
예스, 잇 이즈.
네, 그렇습니다.

yes나 no의 답변을 기대하는 질문은 끝을 높여서 발음합니다.

▶Words

- **house** [하우스] 집, 가정, 가계
- **hotel** [호텔] 호텔, 여관
- **think** [씽크] ~라고 생각하다, ~라고 여기다
- **large** [라-쥐] 큰, 넓은
- **perhaps** [퍼햅쓰] 아마, 어쩌면, 혹시
- **villa** [뷜러] 별장

Have you got a digital camera?
해브 유 갓 어 디쥐틀 캐머러?
디지털 카메라를 가지고 계십니까?

May I go out?
메이 아이 고우 아웃?
외출해도 괜찮습니까?

Do you think so?
두- 유 씽크 쏘우?
당신은 그렇게 생각합니까?

be동사, have동사나 조동사(do, can, may, must 등)로 시작되는 의문문은 끝을 높여서 질문합니다.

chapter 12 부가의문문 표현

He is a doctor, isn't he?
히 이즈 어   닥터,   이즌트 히?
그는 의사지요?

위와 같이 상대방의 동의를 구하는 형식의 부가의문문에서는 끝의 억양을 낮추어야 합니다.
우리말의 '~이지요?', '그렇죠?', '안 그렇습니까?'에 해당하는 부분(위의 예문에서는 isn't he)을 부가의문문이라고 합니다. 이는 대화를 부드럽게 하기 위해 사용하는 표현입니다.
부가의문문은 앞의 서술문의 종류에 따라 그 형태가 부정형과 긍정형으로 나뉩니다. 그 형식은 자기 의사가 담긴 서술문 뒤에 간단히 '동사 + 주어'의 부가의문을 덧붙이는 것인데, 몇 가지 규칙이 있습니다.
① 서술문에서 사용한 be동사나 조동사는 그대로 받습니다.
② 서술문에서 사용한 나머지 동사는 do로 받습니다.
③ 서술문의 동사가 부정형이면 부가의문의 동사는 긍정형으로, 서술문의 동사가 긍정형이면 부가의문의 동사는 부정형으로 받습니다.
④ 서술문과 부가의문의 시제는 일치시킵니다.
⑤ 억양은 상대방의 의견을 묻는 경우와 동의를 구하는 경우의 두 가지로 나뉩니다.
　　상대방의 대답을 구할 때는 rising tone〈↑〉으로, 단순히 동의를 구하는 경우는 falling tone〈↓〉으로 합니다.
부가의문문에서 기대하는 답은 대개 Yes., Oh, yes.로 시작하지만 상대방의 질문에 그렇지 않다고 생각할 경우에는 No.라고 답합니다. 다만 부득이 부정의 대답을 할 때는 Oh, yes, but I don't think~.의 형식으로 부정의 뜻을 완화시켜 주는 것이 부드러운 대화를 위해 바람직합니다.

You love her, don't you?
유 러브 허-, 도운-츄?
그녀를 사랑하시는지요?

You don't love her, do you?
유 도운 러브 허-, 두- 유?
그녀를 사랑하지 않으시죠?

You have been in America, haven't you?
유 해브 빈- 인 어메뤼카, 해븐트 유?
미국에 가 보신 적 있으시죠?

You have never been in America, have you?
유 해브 네붜 빈- 인 어메뤼카, 해브 유?
미국에 가 보신 적 없으시죠?

There's a table, isn't there?
데어즈 어 테이블, 이즌트 데어?
식탁이 있지요?

There isn't a table, is there?
데어 이즌트 어 테이블, 이즈 데어?
식탁이 없지요?

You can play tennis, can't you?
유 캔 플레이 테니스, 캔-츄?
테니스 하실 줄 아시죠?

You can't play tennis, can you?
유 캔트 플레이 테니스, 캔 유?
테니스 못하시지요?

I must go, mustn't I?
아이 머스트 고우,   머슨트   아이?
가야 되겠지요?

I mustn't go, must I?
아이 머슨트   고우,   머스트 아이?
가면 안 되겠지요?

부가의문문에 대한 대답을 할 때 한 가지 주의할 점은 yes와 no를 혼동하지 말아야 한다는 것입니다. 우리말에 대입하려면 다소 까다롭게 느껴지겠지만 원칙만 알면 간단합니다. 즉 상대방의 서술문에 동의하면 우리말에 상관없이 yes로, 동의하지 않으면 no로 답하면 됩니다.

chapter 13 의문사 표현

study 1

What's this?
왓츠 디스?
이것은 무엇입니까?

Who's that?
후즈 댓?
저 분은 누구입니까?

When will he come?
웬 윌 히 컴?
그는 언제 올까요?

Where do you live?
웨어 두- 유 리브?
어디 사십니까?

Why is she angry?
와이 이즈 쉬 앵그뤼?
왜 그녀는 화가 나 있습니까?

의문사 when〈언제〉, where〈어디서〉, who〈누가〉, what〈무엇을〉, why〈왜〉, how〈어떻게〉로 시작하는 질문은 끝을 낮추어 발음해야 합니다.

How old is your son?
하우 올드 이즈 유어 썬?
당신 아들의 나이가 몇입니까?

How much is it?
하우 머취 이즈 잇?
얼마입니까?

how는 시간, 가격, 거리, 요금, 개수, 횟수 등을 물을 때 씁니다. 위의 예문은 주로 어떤 물건을 살 때 그 가격을 묻는 표현입니다.

▶ 개수
How many?   몇 개입니까?

▶ 거리
How far is it from here?   이 곳에서 얼마나 멉니까?
How far is it to the airport?   공항까지 얼마나 멉니까?

▶ 요금
How much is it to the airport?   공항까지 얼마입니까?

▶ 시간
How long does it take to go to the station?
                역까지 가는 데 얼마나 걸립니까?

▶ 기타
How can I use~?   ~을 어떻게 사용합니까?〈사용법을 질문할 때〉
How can I use this telephone?   이 전화는 어떻게 사용합니까?
How can I get~?   ~까지 어떻게 갑니까?〈길을 물을 때〉
How can I get to the airport?   공항까지 어떻게 갑니까?

Which do you like better, spring or autumn?
　　　위치　두-　율라이크　배러,　스프링　오어　어-텀?
봄과 가을 중 어느 계절을 더 좋아하십니까?

Which one do you like for dessert,
　　　위치　원　두-　율라이크　풔-　디저-트
ice cream or cookies?
　아이스크-림 오어　쿠키?
디저트로 뭘 드시겠어요? 아이스 크림 아니면 쿠키?

Which is the easiest way to A from here?
　　　위치　이즈　디　이-지스트　웨이　투　A　프롬　히어?
여기에서 A로 가는 지름길이 어디입니까?

회화에서는 질문할 때 의문사만 가지고도 간단히 자신의 의사를 표현할 수 있습니다. 예를 들어 '어떤 것을 가지겠습니까?'라는 문장은 간단히 'Which one?'이라고만 해도 통합니다. 상황에 따라서는 아주 간결하게 의사를 전달할 수 있으므로 회화에서 특히 중요하게 쓰입니다.

Part 6. 질문할 때 · 호칭 표현 | 93

Level up - 심화학습

study 1

Which one? 위치 원?	어느 것이지요?
Which way? 위치 웨이?	어느 쪽입니까?
What? 왓?	뭐라고요?
What else? 왓 엘스?	또 뭐요?
What for? 왓 풔-?	무엇 때문에? 왜?
Who? 후?	누가?
Whose? 후즈?	누구의?
Where? 웨어?	어디?
Where about? 웨어 어바웃?	어디쯤?
Why not? 와이 낫?	왜 안돼?
How many? 하우 메니?	얼마나〈수〉?
How much? 하우 머취?	얼마나〈양〉?

의문사+be 동사는 의문사 있는 의문문의 가장 기초적인 표현입니다.

	Where is~? 웨어리즈~?	~는 어디입니까?
	Who is ~? 후 이즈~?	~는 누구입니까?
	When is~? 웬 이즈~?	~ 언제입니까?
	What is ~? 왓 이즈~?	~는 무엇입니까?
	Which is ~? 위치 이즈 ~?	어떤 것이 ~입니까?

이와 같이 의문사로 시작되는 질문은 끝을 내려서 발음해야 합니다.

Part 6. 질문할 때 · 호칭 표현 | **95**

chapter 14 상대방을 부를 때

I say!
아이 쎄이!
여보세요!

잘 모르는 사람을 정중하게 부를 때 쓰는 말입니다. 전화를 걸어 상대방을 부를 때 많이 쓰는 Hello.도 일반적으로 같이 쓰입니다. 그러나 이는 격식을 갖춘 영어 표현이 아니므로 사용할 때 신중해야 합니다.

Sir! / Madam! / Miss!
써-! / 매덤! / 미쓰!
여보세요.

이와 같이 성별을 구분하여 상대를 부르는 경우도 있습니다. Sir!는 남성에게, Madam!은 기혼 여성에게, Miss!는 미혼 여성에게 쓰며, 각각 끝부분의 억양을 낮춘다는 것에 유의해야 합니다.

Mr. Brown! / Mrs. / Miss
미스터 브라운! / 미씨즈. / 미쓰
브라운 씨! / 여사 / 양

Mr. Jackson? / Mrs. / Miss
미스터 잭슨? / 미씨즈. / 미쓰
혹시 잭슨 씨? / 여사 / 양

상대방의 이름을 알고 있을 경우에는 Mr., Mrs., Miss 등의 뒤에 이름을 붙여서 씁니다.

study 4

Doctor(Dr.) Cho!
닥터   조!
조 박사님!

Professor Smith!
프뤄풰써   스미스!
스미스 교수님!

Captain Robert!
캡턴   롸버-트!
로버트 대위!

흔한 경칭으로 '~선생'이 있는데, 이를 우리 식으로 'Teacher~'라고 하면 안 됩니다. 상대방 이름 외에 이름 뒤에 붙은 호칭이 있을 때는 그 호칭을 붙여주는 것이 좋습니다. 박사〈Doctor〉, 교수〈Professor〉, 대위〈Captain〉 등 다른 호칭이 있다면 성 앞에 그 호칭을 붙여 쓰면 됩니다.

chapter 15 가족 사이의 호칭

가족에 대한 호칭은 우리보다 경어가 발달되어 있지 않은 서양이 훨씬 다양한 편입니다. 가족 관계상의 호칭(아버지, 어머니, 형, 삼촌 등) 외에 굳이 손아랫사람이 아니더라도 친하면 이름이나 약칭, 애칭을 부르는 경우가 흔합니다.

Father! 아버지!
파더!

Dad / Daddy / Papa! 아빠!
대드 / 대디 / 파파!

Mother! 어머니!
마더!

Mama / Ma / Mom! 엄마!
마마 / 마 / 맘!

Grandfather / Grandpa! 할아버지!
그랜파더 / 그랜파!

Grandmother / Grandma! 할머니!
그랜마더 / 그랜마!

Brother! 형님! (남동생도 포함)
브라더!

Sister! 누님! (여동생도 포함)
씨스터!

Darling!
달-링!

여보! (귀여운 사람 / 내 사랑 / 얘야!)

My dear!
마이 디어!

내 사랑! 여보!

Honey!
허니!

여보!

John dear!
존 디어!

내 사랑 존!

My precious son. / daughter!
마이 프뤠셔쓰 썬. / 더-터!
내 귀여운 아들아. / 딸아!

My sonny!
마이 써니!

아가!

Level up - 심화학습

study 1

Sir! 써-!	선생님!
Please, sir! 플리-즈, 써-!	저, 선생님!
Madam! 매덤!	부인!
Miss! 미쓰!	아가씨!
Hello! 헬로우!	여보세요!
Hey! 헤이!	야! 이봐!
Listen to me! 리쓴 투 미-!	제 말 좀 들으세요!
Mr. Cho! 미스터 조!	조씨!
Mrs. Son! 미씨즈 손!	손 여사!
Miss Lee! 미쓰 리!	이 양!
Mary! 메뤼!	메리!

Waiter! / Waitress!
웨이러! / 웨이트리쓰!
남자 종업원을 부를 때 / 여자 종업원을 부를 때

Excuse me, porter!
익쓰큐-즈 미-, 포-터!
여보세요, 짐 운반하는 분!

Excuse me, sir!
익쓰큐-즈 미-, 써-!
여보세요! 〈모르는 남자를 부를 때〉

Doctor!
닥터!
의사 선생님!

표현으로 익히기

A. 의문사 표현

- **What's this?**
  왓츠 디스?
  이것은 무엇입니까?

- **Where are we?**
  웨어 아 위-?
  이 곳은 어디입니까?

- **Where are you from?**
  웨어 아 유 프룸?
  어디서 오셨습니까? / 출생지가 어디시죠?

- **Where do you come from?**
  웨어 두- 유 컴 프룸?
  어디서 오셨습니까? / 국적이 어디시죠?

- **Whom should I ask?**
  훔 슈드 아이 애스크?
  누구에게 물어 보면 좋습니까?

- **Which one do you like?**
  위치 원 두- 율라이크?
  어느 것이 좋습니까?

- **When does it start?**
  웬 더즈 잇 스타-트?
  몇 시에 시작합니까?

- **What is this for?**
  왓 이즈 디스 풔-?
  이것은 무엇에 쓰는 것입니까?

- **What do you want?**
  왓 두- 유 원-트?
  원하는 것이 무엇입니까?

▶ Words

- **what** [왓] 무엇, 무슨, 어떤것
- **from** [프룸] ~으로부터
- **should** [슈드] 만일 ~하면 (shall의 과거형)
- **ask** [애스크] 묻다, 물어보다
- **start** [스타-트] 출발하다, 시작하다
- **want** [원-트] ~을 원하다, 탐내다

표현으로 익히기

- **What time is it?**
  왓 타임 이즈 잇?
  몇 시입니까?

- **What do you call this?**
  왓 두- 유 컬- 디스?
  이것을 무엇이라고 합니까?

- **What building is this?**
  왓 빌딩 이즈 디스?
  이게 무슨 빌딩입니까?

- **What's the matter?**
  왓츠 더 매러?
  무슨 일이죠?

- **What's wrong?**
  왓츠 륑-?
  뭐가 잘못 됐나요?

- **What can I do for you?**
  왓 캔 아이두- 풔- 유?
  무엇을 도와드릴까요?

- **What's the weather like?**
  왓츠 더 웨더 라이크?
  날씨가 어떨 것 같습니까?

- **What do you mean by that?**
  왓 두- 유 민- 바이 댓?
  그건 무슨 뜻이죠?

- **What does this mean?**
  왓 더즈 디스 민-?
  이게 무슨 말입니까?

- **What on earth is it?**
  왓 온 어-스 이즈 잇?
  도대체 그게 무엇입니까?

▶ Words

- **building** [빌딩] 건물, 빌딩
- **matter** [메러] 문제, 일(사건)
- **wrong** [륑-] 틀린, 잘못된
- **weather** [웨더] 날씨, 기후
- **mean** [민-] 의미하다
- **on earth** [온 어-스] 도대체

Part 7

질문에 대답하기

chapter 16   질문에 대답하기

chapter 17   질문에 가볍게 반문하기

chapter 16 질문에 대답하기

Dialogue

1 Do you like the movie?
두- 율라이크 더 무-비?

2 Oh, yes, very much.
오우, 예스, 붸뤼 머취.

3 Can't you speak English?
캔츄- 스피-크 잉글리쉬?

4 Yes, I can.
예스, 아이 캔.

5 I don't think it'll rain tomorrow.
아이 도운 씽크 잇윌 뤠인 투머-뤄우.

6 No, I don't.
노우, 아이 도운트.

7 Do you have to go fishing today?
두- 유 해브 투 고우 퓌슁 투데이?

8 Yes, I do.
예스, 아이두-.

1. 영화를 좋아하십니까?
2. 아, 예, 매우 좋아합니다.
3. 영어를 할 줄 모릅니까?
4. 아니오, 할 수 있습니다.
5. 내일 비가 올 것 같지 않은데요.
6. 예, 안 올 것 같군요.
7. 오늘 낚시하러 갈 겁니까?
8. 예, 갈 겁니다.

Don't you like this?
도운츄 라이크 디스?
이것을 좋아하지 않습니까?

영어에서 가장 쉬우면서도 적절하게 사용하기 어려운 것이 yes와 no의 대답입니다.
부정의문문에 대한 대답에서 Yes, No는 우리말과 정반대로 쓰입니다.
예를 들어 Don't you like this? (이것을 좋아하지 않습니까?)라는 질문에 대하여 긍정의 뜻을 표할 때 우리말에서는 '아니오'라고 하지만 영어에서는 'No'라고 하지 않습니다. 부정의 뜻을 표할 때는 오히려 'Yes'라는 말을 해야 합니다.
이는 영어의 Yes는 긍정문을, No는 부정문을 이끈다는 규칙에서 비롯된 차이입니다.

No, I don't.
노우, 아이 도운트.
예, 좋아하지 않아요.

Yes, I do.
예스, 아이 두-.
아니오, 좋아해요.

따라서 위의 질문에 대하여 좋아한다는 답을 하고 싶다면 Yes, I do.(아뇨, 좋아합니다.)라고 해야 하고, 반대이면 No, I don't.(네, 좋아하지 않습니다.)라고 해야 합니다.

▶Words

- **movie** [무-비] 영화
- **much** [머취] 많은, 다량의
- **speak** [스피-크] 말하다
- **rain** [뤠인] 비
- **tomorrow** [투머-뤄우] 내일
- **fishing** [퓌슁] 낚시

study 3

What is your brother's name?
왓 이즈 유어 브롸더스 네임?
형님 이름이 어떻게 되죠?

His name is Kim Kyong-oh.
히즈 네임 이즈 김 경-오.
김경오입니다.

What, Which, When, Why, How 등의 의문사로 시작하는 의문에서는 Yes나 No로 대답하지 않습니다.

study 4

Do you mind if I smoke here?
두- 유 마인드 이프 아이 스모-크 히어?
여기에서 담배 피워도 될까요?

No, not at all. / Of course not.
노우, 낫 앳 얼-. / 어브 커-쓰 낫.
네, 피우세요.

응답에는 긍정과 부정의 표현이 있습니다. 보통 yes / good / well 등이 포함된 말은 긍정적인 표현이고, no / not 등이 포함된 말은 부정적 표현에 속합니다.
그런데 질문에 따라 긍정과 부정의 응답법이 달라지는 경우가 있습니다.

▶▶Words

- **brother** [브롸더] 형, 형제, 남동생
- **eighty** [에이티] 80
- **leave** [리-브] 떠나다, 두고 가다, 방치하다
- **such** [써취] 그러한
- **because** [비커-즈] 왜냐하면, ~때문에
- **thousand** [싸우즌드] 천의, 천개의

Dialogue

1. **What is your brother's name?**
   왓 이즈 유어 브롸더스 네임?

2. **His name is Cho Gyong-oh.**
   히즈 네임 이즈 조 경-오.

3. **Which is your bag?**
   위치 이즈 유어 백?

4. **This one.**
   디스 원.

5. **When do you leave Seoul?**
   웬 두- 유 리-브 서울?

6. **On next monday.**
   온 넥스트 먼데이.

7. **Why do you do such a thing?**
   와이 두- 유 두- 써취 어 씽?

8. **Because I like it.**
   비커-즈 아이 라이크 잇.

9. **How much is this cap?**
   하우 머취 이즈 디스 캡?

10. **It's eighty thousand won.**
    잇츠 에이티 싸우즌드 원.

1. 형님 이름이 어떻게 되죠?
2. 조경오입니다.
3. 어느 것이 당신 가방이죠?
4. 이거요.
5. 언제 서울을 떠납니까?
6. 다음 월요일에 떠납니다.
7. 왜 그런 일을 합니까?
8. 좋아서죠.
9. 이 모자는 얼마죠?
10. 8만 원이에요.

chapter 17 질문에 가볍게 반문하기

Dialogue

1. **You've made a mistake.**
   유브 메이드 어 미스테이크.

2. **Have I?**
   해브 아이?

3. **I left it in the car.**
   아이 레프트 잇 인 더 카-.

4. **Did you?**
   디쥬-?

5. **I like dance very much.**
   아이 라이크 댄스 붸뤼 머취.

6. **So do I.**
   쏘우 두- 아이.

7. **Let's go, shall we?**
   렛츠 고우, 쉘 위-?

8. **Yes, let's.**
   예스, 렛츠.

1. 네가 잘못했어.
2. 제가요?
3. 그걸 차 안에 두고 왔어요.
4. 그랬어요?
5. 전 춤이 아주 좋아요.
6. 저도요.
7. 자, 가실까요?
8. 네, 그럽시다.

I don't care for a meat.
아이 도운   케어 풔- 어   밋-.
전 고기를 별로 좋아하지 않아요.

Don't you?
도운- 츄?
그러세요?

I'm very fond of dance.
아임   붸뤼   풘-드 어브   댄스.
저는 춤추는 것을 무척 좋아합니다.

Are you?
아   유?
그러세요?

가벼운 응답의 가장 전형적인 예는 상대방이 한 말을 그대로 반복해 주는 것입니다. 문장 전체를 반복할 필요는 없고, 상대방이 쓴 문장의 주어와 동사, 그리고 필요한 경우 부정어를 의문문 형태로 만들어 '그래요?' 하는 식으로 가볍게 응답하고, 조동사의 시제를 일치시켜 줍니다.

S : 주어 + 동사 (+not).
R : 동사 (+not) + 주어?

▶ Words

- **fund** [풘-드] 좋아서
- **left** [레프트] 놔두다, 떠나다
  (leave의 과거)
- **mistake** [미스테이크] 실수, 잘못
- **better** [배러] 보다 좋은(good의 비교급)
- **make** [메이크] 만들다, 짓다, 제작하다

표현으로 익히기

A. 긍정적인 답변

- **Oh, yes!** 　　　　　　　　　　암, 그렇지요.
  오우, 예스!

- **Yes, (it is).** 　　　　　　　　네, 그렇습니다.
  예스, (잇 이즈).

- **I understand.** 　　　　　　　알겠습니다.
  아이 언더스탠드.

- **I quite understand.** 　　　　잘 알았습니다.
  아이 콰잇 언더스탠드.

- **Oh, yes, I see.** 　　　　　　네네, 알았습니다.
  오우, 예스, 아이 씨-.

- **Just so.** 　　　　　　　　　그렇지요.
  저스트 쏘우.

- **That is fine.** 　　　　　　　좋습니다.
  댓 이즈 퐈인.

- **Yes, certainly. / Yes, surely.** 　그렇고 말고요.
  예스, 써-든리. / 예스, 슈얼리.

- **Yes, I will.** 　　　　　　　　예, 하겠습니다.
  예스, 아이 윌.

▶Words

- **understand** [언더스탠드] 이해하다
- **quite** [콰잇] 완전히, 아주
- **fine** [퐈인] 훌륭한, 좋은, 참한
- **just** [저스트] 정확히, 틀림없이
- **certainly** [써-든리] 물론, 확실히
- **surely** [슈얼리] 확실히, 반드시

표현으로 익히기

- **You're right.**
  유아 롸잇.
  옳습니다.

- **That's quite true.**
  댓츠 콰잇 트루-.
  정말 옳습니다.

- **Yes, naturally.**
  예스, 내츄럴리.
  예, 당연하죠.

- **Why, yes, of course.**
  와이, 예스, 어브 커-쓰.
  암요, 예, 물론이죠.

- **I think so.**
  아이 씽크 쏘우.
  그렇게 생각합니다.

- **Exactly!**
  익잭틀리!
  맞아요!

- **Of course.**
  어브 커-쓰.
  물론.

- **Good!**
  굿!
  좋아요!

- **Excellent!**
  엑썰런트!
  훌륭해요!

- **Swell!**
  스웰!
  굉장해요!

▶Words

- **true** [트루-] 정말의, 참으로, 진리
- **naturally** [내츄럴리] 자연히, 당연히
- **of course** [어브 커-쓰] 물론
- **exactly** [익잭틀리] 정확하게
- **excellent** [엑썰런트] 우수한, 훌륭한
- **swell** [스웰] 일류의, 훌륭한

표현으로 익히기

- **I quite agree with you.**
  아이 콰잇 어그뤼- 위드 유.
  정말 동감입니다.

- **There's no doubt about it.**
  데어즈 노우 다웃 어바웃 잇.
  틀림없습니다.

- **That's my opinion, too.**
  댓츠 마이 어피니언, 투-.
  제 생각도 그렇습니다.

- **By all means.**
  바이 얼- 민-즈.
  좋고 말고요.

- **Do!**
  두-!
  하세요.

- **Oh, that's nothing.**
  오우, 댓츠 나씽.
  오, 문제없습니다.

- **That'll do.**
  댓윌 두-.
  됐습니다, 충분합니다.

- **And me, too.**
  앤드 미-, 투-.
  저도 그렇습니다.

- **I'm very glad to hear it.**
  아임 붸뤼 글래드 투 히어 잇.
  그 얘기를 들으니 반갑군요.

- **That's a good idea.**
  댓츠 어 굿 아이디-어.
  좋은 생각이군요.

▶Words

- **agree** [어그뤼-] 동의하다
- **doubt** [다웃] 의심하다
- **opinion** [어피니언] 의견
- **hear** [히에] 들리다
- **idea** [아이디-에] 생각, 아이디어
- **matter** [매러] 문제, 일(사건)

표현으로 익히기

B. 부정적인 답변

- **Oh, no.**
  오우, 노우.
  아, 아니오.

- **No, it isn't.**
  노우, 잇 이즌트.
  아니오, 그렇지 않습니다.

- **Of course not.**
  어브 커-쓰 낫.
  물론 아니죠.

- **No, I'm afraid not.**
  노우, 아임 어프레이드 낫.
  아뇨, 아닌 줄로 압니다.

- **Certainly not.**
  써-든리 낫.
  확실히 아니죠.

- **No, that won't do.**
  노우, 댓 원트 두-.
  아뇨, 안 될 것입니다.

- **On the contrary.**
  온 더 컨트뤄뤼.
  그 반대입니다.

- **No, not yet.**
  노우, 낫 옛.
  아니오, 아직.

- **It can't be true.**
  잇 캔트 비 트루-.
  사실일 리 없어요.

▶Words

- **afraid** [어프레이드] 걱정하는
- **certainly** [써-든리] 물론, 확실히
- **know** [노우] 알다
- **contrary** [컨트뤄뤼] 반대의
- **yet** [옛] 아직 ~않다
- **true** [트루-] 정말의, 참으로, 진리

▶ 표현으로 익히기

- **I don't know.**
  아이 도운 노우.
  모르겠습니다.

- **It's no use. / It's no good.**
  잇츠 노우 유-즈. / 잇츠 노우 굿.
  소용없습니다.

- **I doubt it.**
  아이 다웃 잇.
  의심스럽군요.

- **What nonsense!**
  왓 넌쎈쓰!
  참 별소리 다 하는군!

- **What an idea!**
  왓 언 아이디-어!
  천만에, 무슨 소리야!

- **What is it?**
  왓 이즈 잇?
  뭐라고?

- **Perhaps not.**
  퍼햅쓰 낫.
  아마 아닐 거예요.

- **I don't agree with you.**
  아이 도운트 어그뤼- 위드 유.
  동의할 수 없습니다.

- **I haven't the least idea.**
  아이 해븐트 더 리-스트 아이디-어.
  조금도 생각나지 않습니다.

- **I didn't know that.**
  아이 디든 노우 댓.
  그것을 몰랐습니다.

▶ Words

- **doubt** [다웃] 의심하다
- **perhaps** [퍼햅쓰] 아마도, 어쩌면
- **nonsense** [넌쎈쓰] 무의미, 허튼말
- **agree** [어그뤼-] 동의하다
- **lie** [라이] 거짓말, 거짓말하다
- **least** [리-스트] 가장 작은

표현으로 익히기

- **Far from it.**
  파- 프룸 잇.

  당치도 않습니다.

- **I wasn't aware of it.**
  아이 워즌트   어웨어 어브 잇.

  저는 몰랐습니다.

- **I can't bring myself to believe it at all.**
  아이 캔트   브링   마이쎌프 투 빌리-브 잇 앳 얼-.

  도무지 믿을 수 없어요.

- **I don't believe a single word of it.**
  아이 도운   빌리-브 어 씽글   워-드 어브 잇.

  한 마디도 나는 믿지 않네.

- **I'm afraid you have mistaken that.**
  아임 어프뤠이드 유   해브   미스테이큰   댓.

  오해하고 있는 것 같습니다.

- **That's not much good.**
  댓츠   낫 머취 굿.

  별로 좋지 않군요.

- **Not in the least.**
  낫 인 더 리-스트.

  전혀 아니지요.

- **You don't mean it!**
  유 도운   민- 잇!

  설마 그럴라구요!

▶Words

- **be aware of** [비 어웨어 어브] ~ 알다
- **bring** [브링] 가져오다
- **believe** [빌리-브] 믿다
- **mistaken** [미스테이큰] 실수
- **single** [씽글] 단 하나의
- **word** [워-드] 단어, 말

Part 8

선택 · 의사 표현

chapter 18   선택 · 의사 표현

chapter 18 선택 · 의사 표현

) Dialogue

1 Which season do you like best?
위치 씨-즌 두- 율라이크 베스트?

2 Autumn. How about you?
어-텀. 하우 어바웃 유?

3 I like summer best.
아이 라이크 써머 베스트.

4 Why? It's too humid and hot.
와이? 잇츠 투- 휴-미드 앤드 핫.

5 That's true, but I enjoy
댓츠 트루-, 벗 아이 인조이

swimming.
스위밍.

1. 어느 계절을 가장 좋아하나요?
2. 가을이요. 당신은요?
3. 난 여름이 제일 좋아요.
4. 왜요? 여름은 습하고 덥잖아요?
5. 맞아요, 하지만 난 수영을 좋아하거든요.

Part 8. 선택 · 의사 표현 | **119**

study 1

Which food do you like best?
위치 푸-드 두- 율라이크 베스트?
어떤 음식을 제일 좋아하세요?

Which season do you like best?
위치 씨-즌 두- 율라이크 베스트?
어느 계절을 제일 좋아하세요?

Which one do you want to have?
위치 원 두- 유 원-투 해브?
어느 것을 갖고 싶으세요?

선택 의사를 물을 때에는 의문사인 Which〈어느 것〉를 맨 앞에 씁니다.
어느 것을 묻는 것이므로 이에 대한 대답은 Yes나 No가 아닌 다음과 같이 해야 합니다.

G UIDE

어떤 것을 선택할지를 묻는 상대방의 질문을 받고 선택해야 할 순간에 자신의 의사를 표현하려면 이것, 저것 중 어느 쪽을 좋아하는지, 또는 그것이 좋은지 싫은지를 분명히 해 둘 필요가 있습니다.

▶▶Words

· **season** [씨-즌] 계절
· **autumn** [어-텀] 가을
· **humit** [휴-미드] 습한
· **summer** [써머] 여름
· **hot** [핫] 뜨거운
· **swimming** [스위밍] 수영

I like summer best.
아이 라이크 써머 베스트.
전 여름이 제일 좋아요.

I want to have this one.
아이 원-투 해브 디스 원.
이걸 갖고 싶어요.

선택의 의사를 묻는 것이 아니라 특정한 것에 대한 상대방의 의사를 묻는 질문에서는 'Do you~(~하세요?)'나 'Would you~(~하시겠어요?)'를 주로 사용합니다. 이에 대한 대답일 경우는 Yes나 No를 사용합니다.

Do you like him?
두- 율라이크 힘?
그를 좋아하세요?

Yes, I like him very much.
예스, 아이 라이크 힘 붸뤼 머취.
네, 아주 많이 좋아해요.

Would you want some more coffee?
우쥬- 원-트 썸 모어 커-퓌?
커피 좀더 드시겠어요?

No, that's enough.
노우, 댓츠 이너프.
아뇨, 됐습니다.

▶ Words

- **class** [클래스] 등급
- **economy** [이커너미] 값싼, 경제적인
- **business** [비즈니쓰] 사업, 장사
- **please** [플리-즈] 제발, ~하고 싶어하다
- **aisle** [아일] 통로, 복도
- **center** [쎈터] 중앙, 중심, 초점

Part 8. 선택 · 의사 표현 | **121**

) Dialogue

1 **Which class would you want?**
위치   클래스   우쥬-   원-트?

Economy, business or first?
이커너미,   비즈니쓰   오어 풔-스트?

2 **Business, please.**
비즈니쓰,   플리-즈.

3 **Yes. And which do you want,**
예스.   앤드   위치   두-   유   원-트,

window seat, aisle seat
윈도우   씻-,   아일   씻-

or center seat?
오어   쎈터   씻-?

4 **Window seat, please.**
윈도우   씻-,   플리-즈.

1. 어떤 표를 원하십니까?
   일반석, 이등석, 일등석이 있습니다.
2. 이등석으로 주세요.
3. 예. 그리고 창문가, 통로 또는 중앙 좌석 중에서 어디를 원하십니까?
4. 창문 쪽으로 주세요.

표현으로 익히기

A. 선택·의사를 나타내는 표현

- **That'll do.**
  댓일 두-.
  됐어, 충분해.

- **That's better.**
  댓츠 베러.
  그쪽이 더 좋은데.

- **Not bad.**
  낫 배드.
  나쁘지 않군.

- **It's nice. It is really wonderful!**
  잇츠 나이쓰. 잇 이즈 뤼-얼리 원더플!
  좋습니다. 그것 참 훌륭해요!

- **I don't like to go to such a place.**
  아이 도운 라잌 투 고우 투 써취 어 플레이스.
  난 그런 곳에 가기 싫어요.

- **This(That) one.**
  디스 (댓) 원.
  이거요. / 저거요.

- **Not this(that) one.**
  낫 디스 (댓) 원.
  이게(저게) 아닙니다.

- **This(That) way.**
  디스 (댓) 웨이.
  이(저)쪽이요.

- **Not this(that) way.**
  낫 디스 (댓) 웨이.
  이(저)쪽이 아닙니다.

▶Words

- **better** [베러] 보다 더 좋은
- **place** [플레이스] 자리, 장소
- **bad** [배드] 나쁜
- **such** [써취] 그러한
- **really** [뤼-얼리] 참으로, 정말, 확실히
- **way** [웨이] 길, 도로, 수단, 방법

표현으로 익히기

- **Like this(that).**
  라익 디스 (댓).
  이렇게(저렇게)요.

- **Not like this(that).**
  낫 라익 디스 (댓).
  이렇게(저렇게) 말고요.

- **Not mine.**
  낫 마인.
  제 것이 아닙니다.

- **Not hers(yours / his).**
  낫 허-스 (유어스 / 히즈).
  그녀(너 / 그)의 것이 아닙니다.

- **Here(There).**
  히어 (데어).
  여기(저기)입니다.

- **Not here(There).**
  낫 히어 (데어).
  여기(저기)가 아닙니다.

- **At once.**
  앳 원스.
  즉시 / 당장.

- **Nearly / Almost.**
  니얼리 / 얼-머우스트.
  아마 / 거의 / 대개.

- **I'm not used to it.**
  아임 낫 유-스트 투 잇.
  거기에 익숙하지 않습니다.

- **Here(There) it is.**
  히어 (데어) 잇 이즈.
  자, 여기(저기) 있습니다.

▶Words

- **her** [허-] 그여자를(에게) (she의 목적격)
- **mine** [마인] 나의 것
- **nearly** [니얼리] 거의, 대개
- **almost** [얼-머우스트] 거의
- **be used to~** [비 유-스트 투] ~에 익숙해져 있다

Part 9

명령어 표현

chapter **19**   명령어 표현

chapter 19 명령어 표현

Dialogue

1. **Be quiet!**
   비 콰이엇!

2. **O.K.**
   오우케이.

3. **Don't make a noise!**
   도운 메이크 어 노이즈!

4. **I'm sorry. How clumsy of me!**
   아임 쏘-뤼. 하우 클럼지 어브 미-!

5. **You! close the window!**
   유! 클로즈 더 윈도우!

6. **O.K., I will.**
   오우케이, 아이 윌.

7. **Get out of the room!**
   겟 아웃 어브 더 룸-!

1. 조용히 해!
2. 알았어.
3. 잡음 내지 마!
4. 미안. 내가 부주의했어!
5. 너! 창문 닫아라.
6. 알았어, 그럴게.
7. 이 방에서 나가!

study 1

Stop (it)!
스탑 (잇)!
서라! / 멈춰라! / 그만!

Go out!
고우 아웃!
나가!

You! get up!
유! 겟 업!
너! 일어나!

명령문의 주어는 항상 2인칭(You)이므로 명령문의 앞에는 항상 동사의 원형이 옵니다. 그러나 때로는 You를 먼저 써서 명령의 뜻을 강하게 나타내기도 합니다.
손아랫사람이나 친구간에는 괜찮지만 모르는 사람이나 윗사람에게 명령문을 쓸 때는 조심해야 합니다.

study 2

Don't do that!
도운 두- 댓!
하지 마!

Don't tell a lie.
도운 텔 어 라이.
거짓말하지 마.

'~하지 마라'는 항상 2인칭일 수밖에 없으므로, '~하지 마라'는 뜻의 부정명령문을 만들 때에는 문장 앞에 do not을 붙여주기만 하면 됩니다.

▶Words

- **lie** [라이] 거짓말, 거짓말하다
- **noise** [노이즈] 소음, 잡음
- **clumsy** [클럼지] 솜씨없는, 서투른
- **close** [클로즈] 닫다
- **get out of~** [겟 아웃 어브] ~에서 나가다

study 3

Don't hang up the phone, please.
도운   행   업 더   폰-,   플리-즈.
전화 끊지 마세요.

Don't come here, please.
도운   컴   히어,   플리-즈.
여기에 오지 마세요.

Please don't apologize.
플리-즈.   도운   어팔러자이즈.
사과하실 것 없습니다.

문장의 시작이나 끝 부분에 please를 덧붙이면 윗사람이나 낯선 사람에게도 무난히 사용할 수 있는 명령문이 됩니다.

표현으로 익히기

A. 명령어의 표현들

- **Wait!** 　　　　　　　　　　　기다려!
  웨이트!

- **Come in!** 　　　　　　　　　들어오시오!
  컴　　인!

- **Don't stop. Go on!** 　　　멈추지 말고 계속하시오!
  도운　스탑.　고우 온!

- **Make haste! / Hurry up!** 　서둘러!
  메이크 헤이스트! / 허-뤼 업!

- **Mind! Take care!** 　　　　정신 차려! 조심해야지!
  마인드!　테잌　케어!

- **Look! / Listen!** 　　　　　　봐라! / 들어 봐!
  룩! / 리쓴!

- **Sit down!** 　　　　　　　　　앉아라!
  씻　다운!

- **Pick it up!** 　　　　　　　　그것을 집어들어라!
  픽　잇 업!

- **Don't tell a lie!** 　　　　　거짓말하지 마!
  도운　텔 어 라이!

▶ Words

- **haste** [헤이스트] 서두르다, 재촉하다
- **listen** [리쓴] 듣다, 귀를 귀울이다
- **hurry up** [허-뤼 업] 서두르다, 서둘러 가다
- **pick** [픽] 골라잡다, 따다
- **care** [케어] 돌보다, 주의를 기울이다
- **tell** [텔] 말하다, 이야기하다

Part 10

제안 · 의뢰에 대한 표현

chapter 20　　제안에 대한 표현

chapter 21　　의뢰에 대한 표현

chapter 20 제안에 대한 표현

◐ Dialogue

1 How about going for a walk?
하우 어바웃 고잉 풔-러 워-크?

2 That sounds good.
댓 싸운즈 굿.

3 Let's meet in front of your house.
렛츠 밋- 인 프뤈트 어브 유어 하우스.

4 All right.
얼- 롸잇.

Where do you want to go?
웨어 두- 유 원-투 고우?

5 To the park.
투 더 파-크.

6 I agree with you.
아이 어그뤼- 위드 유.

1. 산책하러 갈까요?
2. 좋은 생각이에요.
3. 집 앞에서 만납시다.
4. 알았어요. 그런데 어디로 갈 건가요?
5. 공원으로 갑시다.
6. 그러죠.

study 1

Let's play baseball.
렛츠 플레이 베이스벌-.
야구합시다.

Let's start at once.
렛츠 스타-트 앳 원쓰.
곧 출발합시다.

Let's practice speaking English.
렛츠 프랙티쓰 스피-킹 잉글리쉬.
영어 회화 연습을 해 봅시다.

'~합시다.', '~하시지 않으렵니까?' 등 제안이나 권유를 할 때에는 Let's ~.의 형식이 가장 자주 사용됩니다.

Let's start at once, shall we?
렛츠 스타-트 앳 원쓰, 쉘 위-?
곧 출발하시죠.

Shall we?를 문장 끝에 붙여서 말해도 같은 표현이 됩니다. 이때 shall we?가 있어도 뜻은 같습니다. 다만 끝의 발음을 높이는 것이 다를 뿐입니다.

▶Words

- **hike** [하이크] 하이킹하다
- **walk** [워-크] 산책, 보행
- **sound** [싸운드] 건전한, 옳은, 철저한
- **meet** [밋-] 만나다, 마주치다
- **front** [프런트] ~앞에
- **agree** [어그뤼-] 동의하다, 응하다

I suggest (that) we go out for a walk.
아이 써제스트 (댓) 위- 고우 아웃 풔-러 워-크.
산책하러 나가시지요.

I suggest (that) we learn English.
아이 써제스트 (댓) 위- 런- 잉글리쉬.
영어를 배웁시다.

I suggest (that)...도 제안의 형식으로 자주 사용됩니다.

What(How) about a cup of coffee?
왓 (하우) 어바웃 어 컵 어브 커-퓌?
커피 한 잔 드시는 것이 어떠세요?

What(How) about some cookies?
왓 (하우) 어바웃 썸 쿠키즈?
과자 좀 드시겠어요?

What(How) about going on a hike next sunday?
왓 (하우) 어바웃 고잉 온 어 하이크 넥스트 썬데이?
돌아오는 일요일에 하이킹 가는 것 어때요?

What about~?와 How about~?는 모두 '~는 어떠세요?'라는 뜻으로 제안과 동시에 상대방의 의향을 묻는 표현입니다.
about 다음에는 명사나 동명사(동사원형+ing)가 옵니다.

What do you say to going out with me tonight?
왓 두- 유 쎄이 투 고잉 아웃 위드 미- 투나잇?
오늘 밤 저랑 외출하는 게 어때요?

What do you say (if) we go to see a movie tonight?
왓 두- 유 쎄이 (이프) 위- 고우 투 씨- 어 무-비 투나잇?
오늘 밤 영화 보러 가는 것은 어떠세요?

What do you say to+~ing...?은 What(How) about+~ing...?과 같은 뜻으로서 '~을 하자.'고 제안할 때 사용한다.

What would you say to going for a walk?
왓 우쥬- 쎄이 투 고잉 풔-러 워-크?

= What do you say (if) we go for a walk?
왓 두- 유 쎄이 (이프) 위- 고우 풔-러 워-크?
산책하러 가는 게 어떻겠습니까?

do 대신에 would를 넣어 What would you say to ~ing...?나 What do you say (if)...?로 말하면 좀더 정중한 표현이 된다.

chapter 21 의뢰에 대한 표현

) Dialogue

1. **Will you run errands for me?**
   윌류- 륀 에뤈즈 풔- 미-?

2. **Okay, what do you want to buy?**
   오우케이, 왓 두- 유 원-투 바이?

3. **Some apples, potatoes and coke.**
   썸 애플쓰, 포테이토즈 앤 코크.

4. **Is that all?**
   이즈 댓 얼-?

5. **And, can you send a letter for me?**
   앤드, 캔 유 쎈드 어 레러 풔- 미-?

6. **Sure, I'd be glad to.**
   슈어, 아이드 비 글래드 투.

7. **Thank you for your help.**
   땡큐 풔- 유어 헬프.

8. **You're welcome.**
   유아 웰컴.

1. 내 심부름 좀 해줄래?
2. 좋아요, 뭘 사올까요?
3. 사과 몇 개와 감자, 그리고 콜라.
4. 그게 다예요?
5. 그리고, 편지 좀 대신 보내 줄래?
6. 좋아요, 기꺼이 하죠.
7. 도와 줘서 고마워.
8. 천만에요.

Study 1

Please lend me your knife.
플리-즈 렌드 미- 유어 나이프.
= Lend me your knife, please.
렌드 미- 유어 나이프, 플리-즈.
칼 좀 빌려 주세요.

Please shut the door.
플리-즈 셧 더 도어.
= Shut the door, please.
셧 더 도어, 플리-즈.
문 좀 닫아 주세요.

'… 좀 ~해 주시오'라고 무언가를 의뢰할 때는 미안한 마음을 나타내기 위하여 문장의 앞이나 뒤에 please를 씁니다. I am sorry.도 같은 의미이지만, please가 더 흔하게 사용됩니다.

Study 2

Will you sit down?
윌류- 씻 다운?
= Sit down, will you?
씻 다운, 윌류-?
좀 앉으시지요.

Will you (please) open the window?
윌류- (플리-즈) 오픈 더 윈도우?
창문 좀 열어 주시겠어요?

Please 대신에 will you?를 쓸 수 있습니다. 이 경우에는 끝을 높여서 발음해야 합니다. Will you ~?와 please를 겸해서 쓰면 보다 정중한 말이 되며, 이 경우 please 대신 kindly를 써도 좋습니다.

▶Words

- **errand** [에런드] 심부름, 용건
- **potato** [포테이토] 감자, 야구공, 구멍
- **send** [쎈드] 보내다, 발송하다
- **letter** [레러] 편지
- **help** [헬프] 돕다, ~을 거들다
- **might** [마이트] ~해도 좋다(may의 과거형)
- **glad** [글래드] 기쁜, 반가운
- **for a while** [풔- 러 와일] 잠시, 잠깐 동안

study 3

Would you open the window?
우쥬- 오픈 더 윈도우?
= Open the window, would you?
오픈 더 윈도우, 우쥬-?
창문 좀 열어 주시겠습니까?

Would you (please) wait here for a while?
우쥬- (플리-즈) 웨이트 히어 풔-러 와일?
여기서 잠시 기다려 주시겠습니까?

Would you~?는 Will you~?보다도 더 정중한 말입니다. 그러나 가끔 please가 함께 쓰이는 수도 있습니다.

study 4

May(Can) I ask you to sign for me?
메이 (캔) 아이 애스크 유 투 싸인 풔- 미-?
서명 좀 해 주실 수 있습니까?

May(Can) I see Mr. Brown?
메이 (캔) 아이 씨- 미스터 브롸운?
브라운 씨를 만나게 해 주시겠습니까?

May I ~?는 '(제가) ~해도 좋겠습니까?'의 뜻이라고 앞에서도 말했지만 이것을 '~해 주실 수 있겠습니까?'라는 부탁이나 의뢰의 뜻으로 사용할 때도 있다. May 대신에 Can을 써도 좋다.

study 5

Might I see professor McGrow?
마이트 아이 씨- 프뤄풰써 맥그뤄우?
맥그로우 교수님을 좀 만나게 해 주시겠어요?

May, can 대신에 might, could를 사용하면 좀더 정중한 말이 된다.

Do you mind shutting the window?
두- 유 마인드 셔팅 더 윈도우?
수고스럽지만 창문 좀 닫아 주시겠어요?

No.
노우.
네, 해드리지요.

Not at all.
낫 앳 얼-.
네, 해드리고 말고요.

Do you mind ~ing?도 정중히 부탁하는 표현이다. 이것을 문자 그대로 직역하면 '~하는 것을 당신은 꺼려하십니까?'의 뜻이 된다. 이와 같이 mind를 이용한 의뢰는 답변을 할 때 특히 주의해야 한다. 의뢰를 받아들이겠다는 대답을 하려면 '좋다(꺼려하지 않는다)'는 뜻으로 No 등 부정형을 써야 한다.

표현으로 익히기

A. 의뢰에 대한 표현

- **Please do me a small service.**
  플리-즈 두- 미- 어 스멀- 써-뷔스.
  제 부탁 좀 들어 주시겠어요?

- **Do me a favor, will you?**
  두- 미- 어 풰이붜, 윌류-?
  부탁이 있는데 괜찮겠어요?

- **May I ask a favor of you?**
  메이 아이 애스크 어 풰이붜 어브 유?
  부탁 좀 드려도 될까요?

- **I'd like to go to Central Park.**
  아이들 라잌- 투 고우 투 쎈트럴 파-크.
  쎈트럴 공원에 가고 싶습니다.

- **I beg your kind assistance.**
  아이 베그 유어 카인드 어씨스턴쓰.
  도와 주시기를 빕니다.

- **Water, please.**
  워러, 플리-즈.
  물 좀 주세요.

- **Can I have this?**
  캔 아이 해브 디스?
  이걸 가져도 될까요?

- **Come here.**
  컴 히어.
  이리 와라.

- **Please come here.**
  플리-즈 컴 히어.
  이리 좀 오십시오.

▶Words

- **service** [써-뷔스] 봉사, 수고
- **favor** [풰이붜] 호의, 친절
- **beg** [베그] 빌다, 구하다
- **kind** [카인드] 친절한
- **assistance** [어씨스턴씨] 도움, 원조
- **ask** [애스크] 묻다, 물어보다

Part 10. 제안 · 의뢰에 대한 표현

표현으로 익히기

- **Will you please let me know by letter?**
  윌류- 플리-즈 렛 미- 노우 바이 레러?
  저에게 편지로 알려 주실 수 있겠습니까?

- **Would you mind posting this letter?**
  우쥬- 마인드 포-스팅 디스 레러?
  이 편지를 좀 부쳐 주시겠어요?

- **May(Can) I see Mr. Shulman?**
  메이 (캔) 아이 씨- 미스터 슐만?
  슐만 씨를 만나게 해 주시겠습니까?

- **Will you let me have one?** 제게 하나 주겠습니까?
  윌류- 렛 미- 해브 원?

- **May I trouble you to let me know by phones?**
  메이 아이 트러블 유 투 렛 미- 노우 바이 폰-즈?
  수고스럽지만 전화로 좀 알려 주시겠습니까?

- **I shall be happy if you go with me.**
  아이 쉘 비 해피 이프 유 고우 위드 미-.
  저와 함께 가 주신다면 좋겠습니다.

- **Don't come here, please.** 여기 오지 말아 주세요.
  도운 컴 히어, 플리-즈.

- **Can I have that, please?** 저것을 제가 가질 수 있겠어요?
  캔 아이 해브 댓, 플리-즈?

▶Words

- **let** [렛] ~시키다, ~하게 하다
- **posting** [포-스팅] 발송, 우송
- **mind+~ing** [마인드] 미안하지만
- **would** [우드] ~일(할) 것이다(단순미래)
- **shall** [쉘] ~일(할) 것이다(단순미래)
- **trouble** [트러블] 폐를 끼치다

Part 11

말을 되물을 때

chapter 22　말을 되물을 때

chapter 22 말을 되물을 때

Dialogue

1 May I help you?
메이 아이 헬프 유?

2 Yes, I have an appointment
예스, 아이 해브 언 어포인트먼트
with Mr. Lee.
위드 미스터 리.

3 Mr. Lee's office is
미스터 리스 어퓌쓰 이즈
on the eighth floor.
온 더 에잇쓰 플로어.

4 I beg your pardon?
아이 베그 유어 파-든?

5 Eighth floor.
에잇쓰 플로어.

6 Sorry, I couldn't hear you well.
쏘-뤼, 아이 쿠든트 히어 유 웰.
Will you speak a little more slowly?
윌류- 스피-크 어 리를 모어 슬로울리?

7 Eighth, Did you hear me?
에잇쓰, 디쥬- 히어 미-?

---

1. 무슨 일로 오셨습니까?
2. 예, 미스터 리와 약속이 되어 있습니다.
3. 미스터 리의 사무실은 8층에 있습니다.
4. 다시 한 번만 더 말씀해 주시겠어요?
5. 8층입니다.
6. 미안합니다만, 잘 알아듣지 못하겠습니다. 좀더 천천히 말씀해 주시겠어요?
7. 8이요, 알아들었습니까?

Pardon?
파-든?

무슨 말씀이시지요? / 다시 한 번 말씀해 주세요.

I beg your pardon?(아이 베그 유어 파든?)이나 Beg your pardon?이라고도 할 수 있지만, 간단하게 줄여서 Pardon? 하는 것이 보통입니다.
단, 주의해야 할 것은 끝을 높여 발음해야 한다는 것입니다.
끝을 낮추어서 발음하면 '용서하세요.'라는 아주 다른 뜻으로 전달됩니다.
Pardon? 대신 쓸 수 있는 문장을 알아봅니다.

I'm sorry. Would you repeat that, please?
아임 쏘-뤼. 우쥬- 뤼피-트 댓, 플리-즈?

죄송합니다. 다시 한 번 말씀해 주시겠어요? (매우 정중한 표현)

I beg your Pardon?
아이 베그 유어 파-든?

= Say it again, please.
쎄이 잇 어겐, 플리-즈.

= Will you please say it again?
윌류- 플리-즈 쎄이 잇 어겐?

다시 한 번만 더 말씀해 주시겠어요?

What did you say?
왓 디쥬- 쎄이?

뭐라고 말씀하셨지요?

▶Words

- **repeat** [뤼피-트] 되풀이하여 말하다
- **pardon** [파-든] 용서하다, 관대히 봐주다
- **understand** [언더스탠드] 이해하다
- **appointment** [어포인트먼트] 약속, 예약
- **office** [어퓌쓰] 사무실, 관공서, 임무
- **slowly** [슬로울리] 느리게, 천천히

Sorry, I couldn't hear you well.
쏘-뤼, 아이 쿠든트 히어 유 웰.
미안합니다만, 잘 알아듣지 못하겠습니다.

I'm sorry, I don't understand(follow) you.
아임 쏘-뤼, 아이 도운 언더스탠드 (퐐로우) 유.
죄송합니다만, 말씀을 잘 못 알아듣겠습니다.

상대방이 얘기한 뜻이 이해되지 않았을 경우나, 다시 물어도 상대방의 말을 못 알아들을 때는 이렇게 말하는 것이 좋습니다. 그리고 여기에 다음과 같은 말을 덧붙여 말해도 좋습니다.

Will you speak a little more slowly?
윌류- 스피-크 어 리를 모어 슬로울리?
좀더 천천히 말씀해 주시겠어요?

Do you get me?
두- 유 겟 미-?
이해하겠어요?

Can't you understand?
캔츄- 언더스탠드?
모르시겠어요?

Do you understand what I say?
두- 유 언더스탠드 왓 아이 쎄이?
제 말 이해하시겠어요?

자기가 한 말을 상대방이 알아들었는지 확인할 때의 표현입니다.

Level up - 심화학습

상대방의 확인 물음에 대한 대답으로, Yes나 No만으로도 그 억양에 따라 다양하게 대답할 수 있습니다. 억양의 차이에 주의해야 합니다.

Yes. 네 그렇습니다. (보통의 답변)
Yes.↘ 암 그렇고 말고요. (강조)
Yes?↗ 그래서요? 그래요? (이야기의 재촉)

Yes?↗라고 문장 끝을 올려서 발음할 경우는 '그래서요?'라고 이야기를 계속하도록 재촉하는 경우에 쓰이는 용법입니다.

No. 아닙니다. (보통의 부정)
No.↘ 천만에요. (강한 부정)
No?↗ 예? / (의문, 놀라운) 아니라고요? (되물음)

표현으로 익히기

A. 말을 되물을 때의 표현

- **I didn't hear.**
  아이 디든 히어.
  못 들었는데요.

- **Once again, please!**
  원쓰 어겐, 플리-즈!
  다시 한 번만요.

- **Please, repeat it.**
  플리-즈, 뤼피-트 잇.
  좀 되풀이해 주세요.

- **I can't follow you.**
  아이 캔트 쫠로우 유.
  잘 알아듣지 못하겠습니다.

- **Isn't my meaning clear?**
  이즌트 마이 미-닝 클리어?
  제 말 뜻이 분명치 않나요?

- **Do you understand me?**
  두- 유 언더스탠드 미-?
  알아들으시겠어요?
  = Understand?
  언더스탠드?

- **Do you understand what I say(mean)?** 제 말 이해하셨어요?
  두- 유 언더스탠드 왓 아이 쎄이 (민-)?
  = Did you hear me?
  디쥬- 히어 미-?

▶Words

- **once** [원쓰] 한 번, 한 차례
- **repeat** [뤼피-트] 되풀이하여 말하다
- **again** [어겐] 다시
- **follow** [쫠로우] 따르다, 이해하다
- **meaning** [미-닝] 의미, 뜻
- **clear** [클리어] 맑은, 깨끗한

Part 12

말을 잇거나 가로막는 표현

chapter 23 말을 가로막는 표현

chapter 24 말을 잇는 표현

chapter 23 말을 가로막는 표현

) Dialogue

1 Is it going to be snowy today?
이즈 잇 고잉 투 비 스노위 투데이?

2 You know, we have little
유 노우, 위- 해브 리틀

snow here. And~
스노우 히어. 앤드~

3 May I interrupt you,
메이 아이 인터뤕트 유,

it looks like snow doesn't it?
잇 룩스 라이크 스노우 더즌 잇?

4 Let me see.
렛 미- 씨-.

5 I think the weather is going to be bad.
아이 씽크 더 웨더 이즈 고잉 투 비 배드.

6 Well, I don't know, too.
웰, 아이 도운 노우, 투-.

The weather is very uncertain
더 웨더 이즈 붸뤼 언써-튼

nowaday.
나우어데이.

1. 오늘 눈이 올까요?
2. 아시겠지만 여기는 별로 눈이 오지 않아요. 그리고~
3. 말씀 도중 실례입니다만, 눈이 올 것 같지 않아요?
4. 글쎄요.
5. 내 생각에는 날씨가 더 나빠질 것 같은데요.
6. 글쎄요, 저도 잘 몰라요. 요즘 날씨는 매우 불확실하거든요.

May I interrupt you?
메이 아이 인터뤕트 유?
말씀 도중에 실례입니다만.

Excuse me if I interrupt you,
익스큐-즈 미-이프 아이 인터뤕트 유,
Mr. Ford is very rich, isn't he?
미스터 풔-드 이즈 붸뤼 뤼취, 이즌 히?
말씀 도중에 실례인 줄 압니다만, 포드 씨는 아주 부자인가요?

상대방의 말을 도중에 중단시키고 자기 얘기를 해야 할 경우, 위의 예문을 이용해 우선 양해를 구하는 것이 좋습니다. 이럴 때는 더욱 정중한 표현을 쓰는 것이 예의입니다.

Yes, but ~. ↗
예스, 벗 ~.
그렇습니다만 ~.

Listen!
리쓴!
잠깐만!

Now just listen to me for a minute.
나우 저스트 리쓴 투 미- 풔-러 미닛.
잠깐만 제 말씀 좀 들어보세요.

▶Words

- **interrupt** [인터뤕트] (말을)중단시키다
- **be going to~** ~할 예정이다
- **snowy** [스노위] 눈이 내리는
- **weather** [웨더] 날씨, 일기, 기상
- **uncertain** [언써-튼] 불명확한, 불확실한
- **nowaday** [나우어데이] 요즘

표현으로 익히기

A. 말을 가로막는 표현

- **No, not at all.**
  노우, 낫 앳 얼-.
  아니오, 안 그렇습니다.

- **Oh, but I say ~.**
  오우, 벗 아이 쎄이~.
  에, 그러나 제 얘기는요 ~.

- **No, I don't mean that.**
  노우, 아이 도운 민- 댓.
  아뇨, 그렇지 않습니다.

- **Look here.**
  룩 히어.
  저 좀 보세요.

- **That's quite all right, but ~.**
  댓츠 콰잇 얼- 롸잇, 벗 ~.
  좋습니다만 ~.

- **That's all very well, but ~.**
  댓츠 얼- 붸뤼 웰, 벗 ~.
  좋긴 하지만, 그런데 ~.

- **I didn't say anything of the sort.**
  아이 디든 쎄이 에니씽 어브 더 쏘-트.
  그 비슷한 얘기도 하지 않았습니다.

▶ Words

- **mean** [민-] 말하다, 의미하다
- **look** [룩] 보다, 바라보다
- **not at all** [낫 앳 얼] 조금도 ~하지 않다
- **quite** [콰잇] 완전히, 아주
- **anything** [에니씽] (부정문에서) 아무것도
- **sort** [쏘-트] 종류, 부류

chapter 24 말을 잇는 표현

I saw - er - Judy.
아이 쏘우- 어- 쥬디.
그러니까 - 에 - 쥬디를 만났습니다.

You mean - er - on the radio?
유 민- 어- 온 더 래디오?
저 -, 라디오로 말씀이지요?

대화 도중에 말이 막힐 때 우리말의 '저~', '가만 있자~' 또는 '그러니까~'에 해당하는 'er'라는 말을 넣는 경우가 많습니다. 그러나 'er'를 너무 많이 사용하면 듣기에 거북하니까 자주 쓰지 않는 편이 좋습니다.

Let me see.
렛 미- 씨-.
Go straight on along this street, and then…
고우 스트레이트 온 얼롱- 디스 스트뤼-트, 앤 덴…
가만 있자. 이 길로 곧장 가서…

'가만 있자.'라든지 '에-' 또는 말 그대로 '봅시다(그러니까)~'를 뜻하는 말로 let me see.를 쓰는 경우도 많습니다. 어떤 질문에 대하여 잠시 생각할 시간이 필요할 때 흔히 씁니다.

Well, here we are at last!
웰, 히어 위- 아 앳 래스트!
야아, 드디어 도착했다!

Well, let's begin.
웰, 렛츠 비긴.
자아, 시작합니다.

Well, it can't be helped.
웰, 잇 캔트 비 헬프트.
원, 할 수 없죠.

Well 역시 let me see와 마찬가지로 '글쎄요', '그러니까'라는 뜻을 나타내며, '자~'나 '원!' 등의 뜻으로도 쓰입니다.

You know, we have little snow here.
유 노우, 위- 해브 리틀 스노우 히어.
아시겠지만 여기는 별로 눈이 오지 않습니다.

You know는 '아시겠지만'의 뜻을 가볍게 나타내는 말인데, 꼭 강한 뜻이 있는 것은 아니다. you see도 you know와 비슷한 뜻인데, 차이라면 'you see'에는 상대방이 내 생각을 잘 모르고 있을 것이라는 가정의 뜻이 더욱 강하게 담겨 있다는 점이다.
You know나 you see 둘 다 말끝을 가볍게 올려 발음하여, 문장의 맨 앞 혹은 맨 뒤 어느 쪽에 놓아도 본 문장과 자연스럽게 어울린다.

By the way, what day of the week is it today?
바이 더 웨이, 왓 데이 어브 더 윜- 이즈 잇 투데이?
그런데(그건 그렇고), 오늘은 무슨 요일입니까?

Where is Richard, by the way?
웨어 이즈 뤼춰-드, 바이 더 웨이?
그런데 리차드는 어디 있어요?

화제를 바꿀 때 '그런데~', '이건 딴 이야기지만~'이라든지 '겸사 겸사 말해 두지만~' 정도의 뜻을 표현하고자 할 때 by the way를 사용합니다. 이것은 문장의 끝에 와도 상관은 없습니다.

Speaking(Talking) of a car,
스피-킹 (토-킹) 어브어 카-,
he has bought a new one.
히 해즈 버-트 어 뉴- 원.
자동차에 대해 말하다 보니 생각났는데, 그가 새차를 샀어요.

상대방의 이야기에서 힌트를 얻어 '~로 말하자면', '~에 대해 생각났는데'처럼 화제를 바꿀 경우에는 speaking of~(스피-킹 어브~), talking of~(토킹 어브~)를 사용합니다.

표현으로 익히기

A. 말을 잇는 표현

- **Let me see.** 글쎄요.
  렛 미- 씨-.

- **Well, I don't know, too.** 에, 저도 몰라요.
  웰, 아이 도운 노우, 투-.

- **In fact(As a matter of fact) he is a pianist.**
  인 팩트 (애즈 어 매러 어브 팩트) 히 이즈 어 피애니스트.
  사실 그는 피아니스트예요.

- **In any case(Anyhow) I don't like her.**
  인 에니 케이스 (에니하우) 아이 도운 라이크 허-.
  여하튼 난 그녀를 좋아하지 않아요.

- **For my own part, I have no choice.** 저로선 어쩔 수 없어요.
  풔- 마이 오운 파-트, 아이 해브 노우 초이스.

- **I don't quite know what you call it.**
  아이 도운 콰잇 노우 왓 유 컬- 잇.
  무엇이라고 하시는지 잘 모르겠습니다만.

- **I might say that it's not true.** 말하자면 그건 진실이 아니에요.
  아이 마이트 쎄이 댓 잇츠 낫 트루-.

▶Words

- **fact** [팩트] 사실, (실제의)일
- **matter** [매러] 문제, 일(사건)
- **in any case** [인 에니 케이스] 어쨌든
- **her** [허-] 그 여자를(에게)(she의 목적격)
- **own** [오운] 자기 자신의
- **choice** [초이스] 선택

Part 13
잘못에 대한 사과

chapter 25 사과할 때

chapter 26 사과에 대한 대답

chapter 25 사과할 때

Dialogue

1 I'm sorry to have kept you
아임 쏘-뤼 투 해브 켑트 유
waiting so long.
웨이링 쏘우 롱-.

2 Oh, that's all right, Mr. Brown.
오우, 댓츠 얼- 롸잇, 미스터 브롸운.

3 I won't be late again.
아이 원트 비 레잇 어겐.

4 Never mind.
네붜 마인드.

5 Did you have a good sleep?
디쥬- 해브 어 굿 슬립-?

6 Thanks. I slept very well.
땡쓰. 아이 슬렙트 붸뤼 웰.

1. 너무 오래 기다리게 해서 미안합니다.
2. 아니, 괜찮습니다, 브라운 씨.
3. 다신 늦지 않겠습니다.
4. 신경 쓰지 마세요.
5. 잘 주무셨어요?
6. 고맙습니다. 아주 잘 잤어요.

Part 13. 잘못에 대한 사과 | **159**

I'm sorry.
아임 쏘-뤼.
미안합니다.

사람들이 붐비는 곳에서 다른 사람의 발을 밟았을 때처럼 자신이 한 행동으로 상대에게 피해를 주었을 때 '미안합니다'라는 뜻으로 사용합니다.
그러나 그 일이 자신의 잘못이 아니라고 생각되면 I'm sorry.라고 해서는 안 됩니다. 내가 먼저 사과를 하면 내 잘못으로 인한 것으로 오해를 할 수 있고, 그로 인해서 변상을 해 주어야 할 경우도 생깁니다.

I'm awfully (very / so) sorry.
아임 어-풀리 (붸뤼 / 쏘우) 쏘-뤼.
정말 미안합니다.

정중하게 사과할 때에는 awfully, very, so 등을 사용하여 이상과 같이 말하면 됩니다.

▶Words

- **kept** [켑트] 계속하다, 유지하다
  (keep의 과거분사)
- **so long** [쏘우 롱] 오랫동안
- **well** [웰] 만족스러운, 좋은
- **all right** [얼- 롸잇] 건강히
- **sleep** [슬립-] 잠자다
- **slept** [슬렙트] 잘 잤다
  (sleep의 과거형)

I'm sorry I'm late.
아임 쏘-뤼. 아임 레잇.
= I'm sorry to be late.
아임 쏘-뤼 투 비 레잇.
늦어서 미안합니다.

'~해서 미안합니다.'는 I'm sorry~.라고 합니다.

Excuse me a moment.
익쓰큐-즈 미- 어 모-먼트.
잠깐 실례하겠습니다.

이 표현은 남의 앞을 지나가야 할 때, 여러 사람과 대화를 나누는 도중에 먼저 자리를 떠나야 할 때 많이 쓰는 표현입니다.

Excuse me, but will you give me that pencil?
익쓰큐-즈 미-, 벗 윌류- 기브 미- 댓 펜쓸?
실례합니다만, 저 연필 좀 주시겠습니까?

Excuse me, but…(실례합니다만~)은 무엇을 물을 때나 그와 비슷한 경우에 씁니다.

Part 13. 잘못에 대한 사과 | **161**

I beg your pardon.
아이 베그 유어 파-든.
= **Beg your pardon.**
베그 유어 파-든.
= **Pardon.**
파-든.
= **Pardon me.**
파-든 미-.
용서하십시오.

자기의 행동에 대해 '참으로 죄송합니다, 용서하십시오.'라고 용서를 구할 때에는 끝을 낮추어서 발음합니다.
Pardon은 끝을 높여서 말하면 '다시 말씀해 주세요.'라는 뜻으로 이해될 수 있으므로 억양에 주의해야 합니다.

Forgive me.
퓌기브 미-.
용서하십시오.

I must apologize.
아이 머스트 어팔러자이즈.
사과 말씀드려야겠습니다.

정중하게 사과할 때에는 forgive(퓌기브), apologize(어팔러자이즈) 등을 씁니다. 특히 forgive는 종교적으로 많이 쓰입니다.

▶ 표현으로 익히기

A. 잘못에 대한 사과

- **I'm very sorry for what I have done.**
  아임 붸뤼 쏘-뤼 풔- 왓 아이 해브 던.
  저의 행동에 대해 정말 미안하게 생각합니다.

- **I'm very sorry about that.** 그 점에 대해서는 대단히 미안합니다.
  아임 붸뤼 쏘-뤼 어바웃 댓.

- **I'm sorry to trouble you.** 폐를 끼쳐 미안합니다.
  아임 쏘-뤼 투 트롸벌 유.

- **I'm sorry to have disturbed you.** 방해를 해서 미안합니다.
  아임 쏘-뤼 투 해브 디스터-브드 유.

- **I'm so sorry. Have I hurt you?**
  아임 쏘우 쏘-뤼. 해브 아이 허-츄-?
  정말 미안합니다. 제가 기분 상하게 했지요?

- **Pardon me for not calling on you yesterday.**
  파-든 미- 풔- 낫 컬-링 온 유 예스터데이.
  어제 찾아 뵙지 못해서 미안합니다.

- **I didn't mean that at all.** 전혀 그런 생각은 아니었습니다.
  아이 디든 민- 댓 앳 얼-.

- **It was quite an accident.** 고의로 그런 것은 아니었습니다.
  잇 워즈 콰잇 언 액씨던트.

▶ Words

- **hurt** [허-트] 곤란하게 하다
- **disturbe** [디스터-브] 방해하다
- **accident** [액씨던트] (뜻하지 않는)사고
- **pardon** [파- 든] 용서하다, 관대히 봐주다
- **quite** [콰잇] 완전히 ~은 아니다
  (부정어와 함께 쓸 경우 부분 부정을 뜻함)

표현으로 익히기

- **I'm afraid you must have thought me very rude.**
  아임 어프레이드 유 머스트 해브 쏘-트 미- 붸뤼 루-드.
  버릇없는 놈이라 생각했겠지요.

- **Pardon me, but that's my trunk.**
  파-든 미-, 벗 댓츠 마이 트뤙크.
  실례지만 그건 제 트렁크입니다.

- **Please pardon me my language.** 제 말을 용서해 주십시오.
  플리-즈 파-든 미- 마이 랭귀쥐.

- **I beg your pardon for not recognizing you.**
  아이 베그 유어 파-든 풔- 낫 뤠커그나이징 유.
  알아보지 못한 점을 용서하십시오.

- **I hope you'll forgive me.** 용서해 주시기 바랍니다.
  아이 호웁 유일 풔기브 미-.

- **It was very stupid of me.** 제가 너무 어리석었습니다.
  잇 워즈 붸뤼 스튜-피드 어브 미-.

- **Am I in the way?** 방해가 되었나요?
  앰 아이 인 더 웨이?

- **I hope I am not in the way.** 방해가 안 되었으면 좋겠습니다.
  아이 호웁 아이 앰 낫 인 더 웨이.

▶Words

- **rude** [루-드] 무례한, 버릇없는
- **trunk** [트뤙크] 여행용 큰 가방
- **recognize** [뤠커그나이즈] 알아보다
- **stupid** [스튜-피드] 어리석은

chapter 26 사과에 대한 대답

Dialogue

1. **I'm sorry,**
   아임 쏘-뤼,
   I didn't mean to hurt you.
   아이 디든 민- 투 허-츄-.

2. **That's all right.**
   댓츠 얼- 롸잇.

3. **It was most thoughtless of me.**
   잇 워즈 머우스트 쏘-틀리쓰 어브 미-.

4. **Please don't apologize.**
   플리-즈 도운 어팔러자이즈.
   It was my fault.
   잇 워즈 마이 쀨-트.

5. **You have a big heart.**
   유 해브 어 빅 하-트.

6. **Thanks for telling me.**
   땡쓰 풔- 텔링 미-.

1. 다치게 할 생각은 아니었는데, 미안합니다.
2. 괜찮습니다.
3. 제가 정말 부주의했습니다.
4. 사과하실 것 없습니다. 제 잘못이었으니까요.
5. 정말 너그러우시군요.
6. 말씀 고맙습니다.

That's O.K.
댓츠 오우케이.
아, 괜찮아요.

That's(It's) all right.
댓츠 (잇츠) 얼- 롸잇.
괜찮습니다.

That's all right. 대신에 Not at all.(낫 앳 올.)이나 It's nothing.(잇츠 나씽.)을 사용하는 수도 있습니다. 그 외에 다음의 표현도 많이 쓰입니다.

Never mind.
네붜 마인드.
신경 쓰지 마세요.

It doesn't matter.
잇 더즌 매러.
문제가 안 됩니다.

It matters little to me.
잇 매러스 리를 투 미-.
저한텐 아무 상관없어요.

▶Words

- **hurt** [허-트] 다치게 하다, 곤란하게 하다
- **most** [머우스트] 매우, 대단히
- **thoughtless** [쏘-틀리쓰] 생각이 없는, 분별없는
- **fault** [퓔-트] 잘못, 실수
- **have a heart** [해브 어 하-트] 인정이 있다
- **apologize** [어팔러자이즈] 사죄하다, 사과하다

표현으로 익히기

A. 사과에 대한 대답

- **Oh, never mind.** — 아, 괜찮습니다.
  오우, 네버 마인드.

- **Certainly!** — 괜찮고 말고요.
  써-든리!

- **It's quite all right.** — 정말 괜찮습니다.
  잇츠 콰잇 얼- 롸잇.

- **It's perfectly all right.** — 정말 괜찮습니다.
  잇츠 퍼-풱틀리 얼- 롸잇.

- **Don't mention it.** — 천만에요.
  도운 멘션 잇.

- **Not at all. / You're quite welcome.** — 천만에요.
  낫 앳 얼-. / 유아 콰잇 웰컴.

- **All right.** — 좋습니다.
  얼- 롸잇.

- **There's no apology needed.** — 사과하실 필요 없습니다.
  데어즈 노우 어팔러쥐 니-디-드.

- **Don't worry about it.** — 염려 마십시오.
  도운 워-뤼 어바웃 잇.

▶ Words

- **perfectly** [퍼-풱틀리] 완전하게
- **need** [니-드] 필요로 하다
- **apology** [어팔러쥐] 사과, 사죄
- **worry** [워-리] 걱정하다, 조심하다

Part 14

날짜 · 요일
시간 · 기간

chapter **27**   날짜 · 요일에 대한 표현

chapter **28**   시간에 대한 표현

chapter **29**   기간에 대한 표현

chapter 27 날짜·요일에 대한 표현

◐ Dialogue

1 What day is today?
왓 데이 이즈 투데이?

2 It's monday.
잇츠 먼데이.

3 I have a big test this week.
아이 해브 어 빅 테스트 디스 윅-.

4 Oh, so you didn't go to
오우, 쏘우 유 디든트 고우 투

the party last saturday.
더 파-티 래스트 쌔러데이.

5 No I didn't,
노우 아이 디든트,

I stayed home on sunday.
아이 스테이드 홈 온 썬데이.

6 What day will you take the test?
왓 데이 윌류- 테익 더 테스트?

7 On friday.
온 프롸이데이.

---

1. 오늘은 무슨 요일인가요?
2. 월요일입니다.
3. 이번 주에 큰 시험이 있어요.
4. 아, 그래서 지난 토요일 파티에 가지 않았군요.
5. 예, 일요일에도 집에 있었답니다.
6. 무슨 요일에 그 시험을 치르나요?
7. 금요일입니다.

Part 14. 날짜 · 요일 · 시간 · 기간 | **169**

What's the date today?
왓츠 더 데잇 투데이?
오늘이 몇 일입니까?

Today is May fifth.
투데이 이즈 메이 핍쓰.
5월 5일입니다.

What day is today?
왓 데이 이즈 투데이?
오늘은 무슨 요일입니까?

It's sunday.
잇츠 썬데이.
일요일입니다.

date는 '날짜'라는 뜻입니다. day는 '낮, 하루'라는 뜻이지만 위의 경우에는 '요일'을 말합니다.
ex) day and night (낮과 밤)

▶▶Words

- **test** [테스트] 시험, 고사, 검사
- **last** [래스트] 마지막의, 최근의
- **stay** [스테이] 머무르다, 가만히 있다
- **party** [파-티] 파티, 모임

on friday
온 프롸이데이
금요일에

in the year 2007
인 더 이어 투 싸우즌 쎄븐
2007년에

in march
인 마-취
3월에

at noon
앳 눈-
정오에

at the end of the month
앳 디 엔드 어브 더 먼쓰
월말에

일반적으로 날짜와 요일 앞에는 on, 일·주일·월·계절 등에는 in, 일정한 시간 또는 좁은 장소에는 at을 씁니다. 특히 in은 at보다 비교적 긴 시간을 나타냅니다.

Part 14. 날짜 · 요일 · 시간 · 기간 | **171**

Level up - 심화학습

October (the) seventh
악토-버 (더) 쎄븐쓰
10월 7일

the는 생략하는 것이 보통입니다.

August 1, 2006
어-거스트 풔-스트, 투 싸우즌 씩스
2006년 8월 1일

날짜를 읽을 때에는 서수로 읽고, 연도는 2자리씩 끊어서 기수로 읽습니다.
August first, two thousand six(twenty-zero-six)

일주일은 7일(seven days)로 구성되어 있는데, 미국에서는 일반적으로 월요일에서 금요일까지를 week으로 토요일과 일요일을 weekend로 표현합니다.

일요일 Sunday(썬데이)　　　/　　月요일 Monday(먼데이)
화요일 Tuesday(튜-즈데이)　/　　수요일 Wednesday(웬즈데이)
목요일 Thursday(써-쓰데이)　/　　금요일 Friday(프라이데이)
토요일 Saturday(쌔러데이)

표현으로 익히기

A. 날짜 · 요일에 대한 표현

- **What is the date today?** 오늘이 몇 일입니까?
  왓 이즈 더 데잇 투데이?

- **What is the day of the month(today)?**
  왓 이즈 더 데이 어브 더 먼쓰 (투데이)?
  오늘은 몇 월 몇 일이지요?

- **What day of the month is it today?** 오늘은 몇 일입니까?
  왓 데이 어브 더 먼쓰 이즈 잇 투데이?

- **What day of the week is it today?** 오늘은 무슨 요일입니까?
  왓 데이 어브 더 윅- 이즈 잇 투데이?

- **What day was yesterday?** 어제는 무슨 요일이었습니까?
  왓 데이 워즈 예스터데이?

- **Yesterday was saturday.** 어제는 토요일이었습니다.
  예스터데이 워즈 새러데이.

- **What month is next month?** 다음 달은 몇 월입니까?
  왓 먼쓰 이즈 넥스트 먼쓰?

- **What did you do last sunday?**
  왓 디쥬- 두- 래스트 썬데이?
  지난 일요일에는 무엇을 했습니까?

▶Words
- **date** [데이트] 날짜, 약속
- **fix** [퓔스] 수리하다, 고치다
- **month** [먼쓰] 달, 월
- **next** [넥스트] 다음의

표현으로 익히기

- **I'll fix it by tomorrow.**
  아일 쮝스 잇 바이   투머-뤄우.
  내일까지 그걸 고쳐 놓겠습니다.

- **When is your birthday?**
  웬 이즈 유어   버-스데이?
  당신 생일은 언제입니까?

- **It's the seventh of August.**
  잇츠 더   쎄븐쓰   어브 어-거스트.
  8월 7일입니다.

- **Her birthday is June 5th.**
  허-   버-스데이 이즈 쥰- 쮑쓰.
  그녀의 생일은 6월 5일입니다.

- **I didn't go to school for a few days.**
  아이 디든 고우 투   스쿨- 풔-러 퓨- 데이즈.
  저는 며칠 동안 학교에 가지 않았습니다.

- **You were with Ki-hoon on March 4th, weren't you?**
  유   워 위드   기-훈 온 마-취 포-쓰,   원-츄-?
  당신은 3월 4일 기훈과 함께 있지 않았나요?

▶Words

- **birthday** [버-스데이] 생일
- **seventh** [쎄븐쓰] 7번째의
- **few** [퓨-] 조금의, 약간의, 다소의
- **weren't** [원-트] were not의 줄임말
- **January** [재뉴어뤼] 1월
- **February** [풰브루어뤼] 2월
- **March** [마-취] 3월
- **April** [에이프뤨] 4월
- **May** [메이] 5월
- **June** [쥰-] 6월
- **July** [쥴라이] 7월
- **August** [어-거스트] 8월
- **September** [쎕템버] 9월
- **October** [악토-버] 10월
- **November** [노벰버] 11월
- **December** [디쎔버] 12월

chapter 28 시간에 대한 표현

▶ Dialogue

1 What time is it now by your watch?
왓 타임 이즈잇 나우 바이 유어 워취?

2 Oh, my watch has stopped.
오우, 마이 워취 해즈 스탑트.

3 You had better go and repair
유 해드 베러 고우 앤드 뤼페어

your watch.
유어 워취.

4 Yes, I think so.
예스, 아이 씽크 쏘우.

5 By the way, what day of
바이 더 웨이, 왓 데이 어브

the week is it today?
더   윅- 이즈잇 투데이?

6 Why, yes, it's wednesday.
와이, 예스, 잇츠 웬즈데이.

1. 당신 시계로 몇 시입니까?
2. 제 시계는 멎었어요.
3. 시계를 고치러 가셔야겠군요.
4. 예, 그래야겠네요.
5. 그런데, 오늘은 무슨 요일입니까?
6. 글쎄요, 아, 수요일이군요.

Part 14. 날짜 · 요일 · 시간 · 기간 | **175**

study **1**

What time is it now?
왓 타임 이즈 잇 나우?
= What's the time now?
왓츠 더 타임 나우?
지금 몇 시입니까?

It's three minutes past one.
잇츠 쓰뤼- 미닛츠 패스트 원.
1시 3분입니다.

It's just ten (o'clock).
잇츠 저스트 텐 (어클락).
정각 10시입니다.

'~시 ~분입니다'라고 말하려면 It's(잇츠)로 시작합니다. 또한 시간을 표현할 때는 기수(one, two, three)를 쓰며, 시간, 분 순서로 씁니다.

UIDE

시간에 대한 날짜 표현은 대화에서 항상 쓰이는 말로서 숫자만으로도 대화를 할 수 있으므로 다른 표현에 비해 비교적 쉬운 편입니다.

▶Words

- **watch** [워취] 손목시계
- **better** [베러] 보다 나은
- **repair** [뤼페어] 수리하다, 수선하다
- **by the way** [바이 더 웨이] 그런데
- **week** [윅-] 주(週)
- **wednesday** [웬즈데이] 수요일

study 3

It's a quarter past five.
잇츠 어 쿼-터 패스트 파이브.
5시 15분입니다.

It's twenty-three minutes after six.
잇츠 트웨니-쓰뤼- 미닛츠 애프터 씩스.
6시 23분입니다.

'~시 지나서'는 past나 after를 사용합니다. 30분이 넘지 않는 시간을 말할 때 주로 사용합니다.

study 4

It's 5:30(five thirty).
잇츠 파입 써-리.
= It's half past five.
잇츠 하-프 패스트 파이브.
5시 반입니다.

'~시 반'은 half를 사용해서 표현하기도 합니다.
five thirty, three fifteen 등 시간은 글로 쓸 경우 5:30, 3:15이라고 직접 숫자로 써서 간단하게 표현하기도 합니다.

study 5

It's ten(minutes) to seven.
잇츠 텐 (미닛츠) 투 쎄븐.
6시 50분입니다(7시 10분 전입니다).

It's a quarter to eight.
잇츠 어 쿼-터 투 에잇.
7시 45분입니다(8시 15분 전입니다).

분침이 30분을 넘으면 다음 시간에 기준을 둡니다. 서양 사람들은 '6시 50분' 혹은 '7시 10분 전'을 '7시로 가기 10분 전'이라는 뜻으로 사용하며, 시 앞에 to를 사용해서 표현합니다.

It's nine thirty a.m..
잇츠 나인 써-리 에이엠.
오전 9시 30분입니다.

It's five thirty-six p.m..
잇츠 퐈입 써-리-씩스 피엠.
오후 5시 36분입니다.

오전, 오후를 구분할 때는 시간 뒤에 a.m.(오전), p.m.(오후)이라는 라틴어 약자를 사용합니다.
a.m.(A.M.)은 ante meridiem(안테 메리디엠)(= before noon), p.m.(P.M.)은 post meridiem(포스트 메리디엠)(= after midday) 의 약자입니다.

It starts at ten o'clock.
잇 스타-츠 앳 텐 어클락.
10시에 시작합니다.

I've an appointment at a quarter to seven.
아이브 언 어포인트먼트 앳 어 쿼-터 투 쎄븐.
6시 45분에 약속이 있습니다.

'~시에'라고 표현할 때는 at을 사용합니다.
quarter는 1/4을 말합니다. 따라서 60분의 1/4인 15분입니다.

Level up - 심화학습

study 1

What time is it?
왓 타임 이즈 잇?
몇 시입니까?

Do you have the time?
두- 유 해브 더 타임?
시계 가지고 계십니까?

What time do you have?
왓 타임 두- 유 해브?
당신 시계로는 몇 시입니까?

Please tell me the time.
플리-즈 텔 미- 더 타임.
시간을 알려 주시겠습니까?

Can you tell me the time, please?
캔 유 텔 미- 더 타임, 플리-즈?
시간을 알려 주실 수 있습니까?

'몇 시입니까?'라는 물음은 위와 같이 여러 가지가 있습니다.
약간씩 표현이 다른 듯하지만 모두 같은 의미입니다.
time은 '시간'이라는 뜻도 있지만 '시계'라는 뜻으로도 쓰입니다.

GUIDE

'시간 있으세요?'라는 의미의 표현인 'Do you have time?(Are you free?)'과 구분, the를 포함해서 'Do you have the time?'은 시간을 묻는 표현이라는 것을 혼동하지 말아야 합니다.

Part 14. 날짜 · 요일 · 시간 · 기간 | **179**

▶ 표현으로 익히기

A. 시간에 대한 표현

- **I wonder what time it is now.** 지금 몇 시쯤 됐는지 궁금합니다.
  아이 원더 왓 타임 잇 이즈 나우.

- **It is just noon.** 정오입니다.
  잇 이즈 저스트 눈-.

- **It's close to eight o'clock.** 거의 8시입니다.
  잇츠 클로우스 투 에잇 어클락.

- **My watch is slow.** 제 시계는 느립니다.
  마이 워취 이즈 슬로우.

- **Sorry, but I don't carry a watch.**
  쏘-뤼, 벗 아이 도운 캐뤼- 어 워취.
  미안합니다만, 저는 시계가 없습니다.

- **I must meet a friend in a few minutes.**
  아이 머스트 밋- 어 프뤤드 인 어 퓨- 미닛츠.
  몇 분 후에 친구를 만나야 합니다.

- **What time do you get up?** 몇 시에 일어납니까?
  왓 타임 두- 유 겟 업?

- **What time do you generally go to bed?**
  왓 타임 두- 유 제너럴리 고우 투 베드?
  보통 몇 시에 잠자리에 듭니까?

▶ Words

- **wonder** [원더] 의아해 하다, 놀라다
- **eight** [에잇] 여덟의, 8의
- **slow** [슬로우] 느린, 늦은
- **carry** [캐뤼] 가지고 있다, 휴대하다
- **minute** [미닛] 분(分)
- **generally** [제너뤌리] 일반적으로, 보통

표현으로 익히기

- **When did you arrive?** 언제 도착하셨습니까?
  웬 디쥬- 어롸이브?

- **At what time shall I start?** 몇 시에 출발해야 합니까?
  앳 왓 타임 쉘 아이 스타-트?

- **What time shall we get there?** 몇 시에 그 곳에 도착할까요?
  왓 타임 쉘 위- 겟 데어?

- **I don't know the time.** 시간은 모르겠는데요.
  아이 도운 노우 더 타임.

- **How long will it take?** 얼마나 (시간이) 걸리겠습니까?
  하울롱- 윌 잇 테이크?

- **We will know the answer within an hour.**
  위- 윌 노우 디 앤써 위딘 언 아우어.
  1시간 안에 답을 알게 될 것입니다.

- **Can you spare five minutes of your valuable time?**
  캔 유 스페어 퐈입 미닛츠 어브 유어 밸류어블 타임?
  귀중한 시간 중 5분만 틈을 내주시겠습니까?

- **What time do you make it?** 몇 시에 만날까요? / 몇 시로 할까요?
  왓 타임 두- 유 메이크 잇?

- **I'd like to know the correct time.**
  아이들 라잌 투 노우 더 커렉트 타임.
  정확한 시간을 알고 싶습니다.

▶ Words

- **arrive** [어롸이브] 도착하다, 닿다
- **answer** [앤써] 해답, 대답
- **within** [위딘] ~이내에, ~의 안에
- **spare** [스페어] 내주다, 아끼다
- **valuable** [밸류어블] 귀중한, 귀한
- **correct** [커렉트] 정확한, 옳은

표현으로 익히기

- **Is your watch correct?**
  이즈 유어 워취 커뤡트?
  당신 시계는 정확합니까?

- **Does it keep good time?**
  더즈 잇 킵- 굿 타임?
  시계가 잘 맞습니까?

- **It's just five past five.**
  잇츠 저스트 퐈입 패스트 퐈이브.
  정확히 5시 5분입니다.

- **It's half past six.**
  잇츠 하-프 패스트 씩스.
  6시 반입니다.

- **It's a quarter past five.**
  잇츠 어 쿼-터 패스트 퐈이브.
  5시 15분입니다.

- **It's forty-five to four.**
  잇츠 풔-티-퐈입 투 풔-어.
  4시 45분입니다.

- **What time does the musical "Cats" start?**
  왓 타임 더즈 더 뮤-지컬 "캣츠" 스타-트?
  "캣츠" 뮤지컬이 몇 시에 시작합니까?

- **It's starts at 6 : 30.**
  잇츠 스타-츠 앳 씩쓰 써-리.
  6시 30분에 시작합니다.

▶Words

- **keep** [킵-] 계속하다, 유지하다
- **half** [하-프] 반
- **past** [패스트] 지나간, 과거의
- **six** [씩스] 여섯, 6
- **forty** [풔-티] 40의, 40개의, 40세의
- **musical** [뮤-지컬] 음악의

chapter 29 기간에 대한 표현

Dialogue

1. **Welcome to Korea.**
   웰컴 투 코뤼아.

2. **Thank you. How long does it take to get your house?**
   땡큐. 하울롱- 더즈 잇
   테잌 투 겟 유어 하우스?

3. **It takes about 1 hour.**
   잇 테잌스 어바웃 원 아우어.

4. **From here?**
   프뤔 히어?

5. **Yes. How long will you stay here?**
   예스. 하울롱- 윌류- 스테이 히어?

6. **After 4 days, I must go back.**
   애프터 포-어 데이즈, 아이 머스트 고우 백.

1. 한국에 오신 것을 환영합니다.
2. 고맙습니다.
   당신 집까지 얼마나 걸리나요?
3. 1시간쯤 걸립니다.
4. 여기서부터요?
5. 네. 여기엔 얼마나 머무실 거죠?
6. 4일 후에 돌아가야 합니다.

Part 14. 날짜 · 요일 · 시간 · 기간 | **183**

How long does(did / will) it take to ~?
하울롱- 더즈 (디드 / 윌) 잇 테익 투~?

~하는 데 시간이 얼마나 걸립니까(걸렸습니까 / 걸리겠습니까)?

'얼마 동안 ~하셨어요?'라는 질문을 할 때는 주로 'how long~'을 씁니다.
소요되는 주체가 사람이 아니라 시간이므로 비인칭 주어인 it이 쓰입니다.

It takes(took / will take) ~ .
잇 테익스 (투-크 / 윌 테이크) ~.

~걸립니다(걸렸습니다 / 걸릴 것입니다).

대답할 때는 질문의 시제에 맞게 답해야 합니다.
행동 주체를 특별히 명시해 주고 싶을 때에는 다음의 예문처럼 take 와 to 사이에 그 주체의 이름이나 대명사를 넣어 줍니다.

ex) How long does it take you to go there?
　　(당신이 거기에 가는 데 얼마나 걸립니까?)
　　How long will it take for you to do the homework?
　　(너 숙제 다 하는 데 얼마나 걸리겠니?)
　　How many times will it take for us to do this work?
　　(이 일 다 하는 데 몇 시간이나 걸릴까?)

▶Words

- **welcome** [웰컴] 환영하다, 기꺼이 받아들이다
- **about** [어바웃] ~에 대하여
- **hour** [아우어] 시간
- **from** [프롬] ~부터, ~에서
- **stay** [스테이] 머무르다, 체재하다
- **after** [애프터] ~후에

표현으로 익히기

A. 기간에 대한 표현

- **How long does it take to repair my watch?**
  하울롱- 더즈 잇 테익 투 뤼페어 마이 워취?
  제 시계를 고치는 데 얼마나 걸립니까?

- **How long will you stay here?** 여기 얼마나 머무실 겁니까?
  하울롱- 윌류- 스테이 히어?

- **How many hours will it take from Seoul to Busan?**
  하우 메니 아우어즈 윌 잇 테이크 프륌 서울 투 부산?
  서울에서 부산까지 몇 시간 걸립니까?

- **It will take about half an hour.** 약 30분 걸리겠습니다.
  잇 윌 테이크 어바웃 하-프 언 아우어.

- **It requires two hours.** 2시간 걸립니다.
  잇 뤼콰이어쓰 투- 아우어즈.

- **It will be done in three hours.** 3시간이면 될 겁니다.
  잇 윌 비 던 인 쓰뤼- 아우어즈.

- **Please fix a time to see me.** 저와 만날 시간을 정해 주십시오.
  플리-즈 퓍스 어 타임 투 씨- 미-.

- **I see him from time to time.** 저는 그를 가끔 만납니다.
  아이 씨- 힘 프륌 타임 투 타임.

▶Words

- **repair** [뤼페어] 수리하다, 수선하다
- **stay** [스테이] 머무르다, 체재하다
- **many** [메니] 많은, 다수의
- **require** [뤼콰이어] 요구되다, 필요하다
- **three** [쓰뤼-] 3, 셋
- **him** [힘] 그를, 그에게(he의 목적격)

표현으로 익히기

- **Time is up.**
  타임 이즈 업.
  끝났습니다.

- **I had the time of my life.**
  아이 해드 더 타임 어브 마이 라이프.
  아주 즐거운 시간을 가졌습니다.

- **When can I have it done?**
  웬 캔 아이 해브 잇 던?
  언제쯤 될까요?

- **When can I have it repaired?**
  웬 캔 아이 해브 잇 뤼페어드?
  언제까지 수선이 될까요?

- **It will be ready on thursday.**
  잇 윌 비 뤠디 온 써-쓰데이.
  목요일이면 될 겁니다.

- **Are you good for tennis tomorrow?**
  아 유 굿 풔- 테니스 투머-뤄우?
  내일 테니스 칠 수 있겠습니까?

- **Come to pick me up tomorrow morning.**
  컴 투 픽 미- 업 투머-뤄우 모-닝.
  내일 아침에 절 데리러 오세요.

▶Words

- **life** [라이프] 생명, 인생, 한 시기
- **done** [던] 끝난, 마친(do의 과거분사)
- **ready** [뤠디] 준비가 된
- **thursday** [써즈데이] 목요일
- **tomorrow** [투머-뤄우] 내일
- **pick~up** [픽~업] 차로 ~를 마중나가다

Part 15

날씨 · 계절

chapter **30**   날씨에 대한 표현

chapter **31**   계절에 대한 표현

chapter 30 날씨에 대한 표현

▶ Dialogue

1 Hello, Lisa. John speaking.
헬로우, 리사. 존 스피-킹.

2 How is the weather in Busan?
하우 이즈 더 웨더 인 부산?

3 Wonderful! It's sunny and clear.
원더플! 잇츠 써니 앤드 클리어.

4 It's terrible here.
잇츠 테러벌 히어.

It looks like rain.
잇 룩스 라이크 뤠인.

5 What is the weather forecast
왓 이즈 더 웨더 풔-캐스트

for tomorrow?
풔- 투머-뤄우?

6 They say it will be stormy.
데이 쎄이 잇 윌 비 스토-미.

7 Oh! Really?
오우! 뤼얼-리?

---

1. (전화로) 안녕, 리사. 나 존이야.
2. 부산 날씨는 어때?
3. 좋아! 화창하고 맑아.
4. 여기는 너무 나빠. 비가 올 것 같아.
5. 내일 일기 예보는 어떻대?
6. 폭풍우가 올 거라고 해.
7. 오! 정말?

Part 15. 날씨 · 계절 | **189**

study 1

How is the weather?
하우 이즈 더 웨더?

What is the weather like?
왓 이즈 더 웨더 라이크?

날씨가 어떻습니까?

위 두 가지 예문이 가장 기본적인 질문 형태입니다.
문장 맨 끝에 today를 붙이면 '오늘 날씨가 어때요?'가 되고, in Suwon처럼 전치사와 함께 지역명을 붙이면 '수원 날씨가 어때요?'가 됩니다.

ex) How is the weather today in Suwon?
   (오늘 수원의 날씨가 어때요?)

study 2

A fine day, isn't it?
어 퐈인 데이, 이즌 잇?

좋은 날씨죠?

It's chilly tonight, isn't it?
잇츠 칠리 투나잇, 이즌 잇?

오늘 밤은 쌀쌀하죠?

isn't it?(~죠?)은 가볍게 동의를 구하는 부가의문문으로 상대방의 공감을 이끌어내어 대화를 부드럽게 할 때 많이 쓰이는 표현입니다.

▶Words

- **speak** [스피-크] 이야기 하다, 연설하다
- **clear** [클리에] 밝은, 맑은
- **weather** [웨더] 날씨, 일기, 기상
- **terrible** [테러블] 호된, 결렬한, 무서운
- **sunny** [써니] 구름 한 점 없는, 맑게 갠
- **forecast** [풔-캐스트] (날씨를)예보하다

What is the weather forecast for today?
왓 이즈 더 웨더 풔-캐스트 풔- 투데이?
오늘 일기 예보는 어떻습니까?

일기 예보를 묻는 가장 기본적인 표현입니다.

Is it going to be fine(rainy / snowy) today?
이즈 잇 고잉 투 비 퐈인 (뤠이니 / 스노위) 투데이?
오늘 날이 맑을까요(비가 올까요 / 눈이 올까요)?

날씨에 대해 구체적으로 물을 때 쓰이는 표현법입니다. fine 대신에 예상되는 날씨의 상태를 바꾸어 넣으면 상대방은 yes나 no로써 자신의 생각을 밝히면 됩니다.

What do you think of the weather?
왓 두- 유 씽크 어브 더 웨더?
날씨가 어떤 것 같습니까?

What do you think ~?(~에 대해 어떻게 생각하십니까?)는 상대방의 견해를 물을 때 쓰이는 기본 표현입니다.

It's very fine today.
잇츠 붸뤼 퐈인 투데이.
오늘 날씨가 참 맑군요.

'날씨가 맑다'라는 표현에는 fine(퐈인), lovely(러블리), good(굿), beautiful(뷰-리풀)이라는 형용사 단어가 흔히 쓰입니다.
It는 날씨를 나타내는 비인칭 주어로 생략하는 경우도 많습니다.

It's rainy. / It's raining. / It rains.
잇츠 뤠이니. / 잇츠 뤠이닝. / 잇 뤠인즈.
비가 옵니다.

이슬비, 가랑비, 장대비, 소나기 등 비에 대한 영어 표현은 우리말처럼 다양하고 재미있는 표현이 많습니다.

ex) drizzle(이슬비) / shower(소나기) / storm(폭풍우)

It looks like rain(snow).
잇 룩스 라이크 뤠인 (스노우).
비가(눈이) 올 것 같습니다.

It looks like~(~할 것 같다, ~인 것 같다)는 예측하는 표현으로 자주 쓰이는 구문입니다. 꼭 익혀두어야 합니다.

Level up - 심화학습

study 1

What's the temperature?
왓츠 더 템퍼뤄춰?
온도가 어떻게 됩니까?

It's 10 degrees.
잇츠 텐 디그리-즈.
10도입니다.

degrees(디그리-즈)는 단순히 온도만 나타냅니다. 현재의 기온 상태를 상대방이 어느 정도 파악하고 있다는 전제에서의 표현입니다. 영상, 영하, 섭씨 온도(℃)까지 표현하면 매우 길어집니다.
ex) 영상 25.2℃ (twenty-five point two degrees centigrade above zero)
    영하 5℃ (five degrees centigrade below zero)

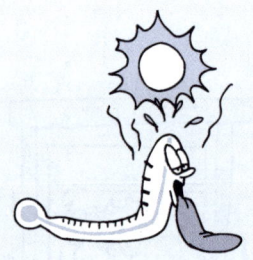

GUIDE

우리 나라에서는 섭씨 온도(℃)를 쓰지만, 미국에서는 화씨 온도(℉)를 씁니다. 100℉는 37.8℃ 입니다. 다음은 온도에 관련된 표현들입니다.
섭씨 centigrade(쎈티그뤠이드)   / 화씨 fahrenheit(홰륀하이트)
영상 above zero(어버브 지어로-) / 영하 below zero(빌로우 지어로-)
온도 temperature(템퍼뤄춰)   / ~도 degree(디그뤼-)

표현으로 익히기

A. 맑은 날씨에 대한 표현

- **Is it fine? / Is it a fine day?**
  이즈 잇 퐈인? / 이즈 잇 어 퐈인 데이?
  날씨 좋습니까?

- **Isn't it a lovely day?**
  이즌 잇 어 러블리 데이?
  날씨가 좋지 않습니까?

- **Nice day today, isn't it?**
  나이쓰 데이 투데이, 이즌 잇?
  오늘 날씨가 좋죠?

- **A fine day, isn't it?**
  어 퐈인 데이, 이즌 잇?
  좋은 날씨죠?

= **Nice day, isn't it?**
  나이쓰 데이, 이즌 잇?

- **It's fine weather.**
  잇츠 퐈인 웨더.
  좋은 날씨입니다.

- **What a fine day (it is)!**
  왓 어 퐈인 데이 (잇 이즈)!
  날씨가 참 좋군요!

- **The sky is cloudless!**
  더 스카이 이즈 클라우드리쓰!
  하늘에 구름 한 점 없습니다.

- **It is perfectly fine.**
  잇 이즈 퍼-퓍틀리 퐈인.
  완전히 개었군요.

▶Words

- **lovely** [러블리] 멋진, 즐거운, 사랑스런
- **perfectly** [퍼-퓍틀리] 휴일
- **sky** [스카이] 하늘, 창공
- **cloudless** [클라우드리쓰] 구름 없는, 맑게 갠

표현으로 익히기

- **A blue sky has appeared.**
  어 블루 스카이 해즈 어피어드.
  하늘이 개이기 시작했습니다.

- **It's likely to clear up.**
  잇츠 라이클리 투 클리어 업.
  개일 것 같아 보이군요.

- **It's very sunny today.**
  잇츠 붸뤼 써니 투데이.
  오늘은 햇볕이 좋습니다.

- **It's very bright.**
  잇츠 붸뤼 브롸이트.
  정말 쾌청합니다.

- **What a glorious day!**
  왓 어 글러-뤼어스 데이!
  참 멋진 날씨입니다!

- **There is not a speck of cloud to be seen in the sky.**
  데어 이즈 낫 어 스페크 어브 클라우드 투 비 씬- 인 더 스카이.
  하늘에 구름 한 점 없군요.

▶Words

- **appear** [어피어] 나타나다, 출현하다
- **likely** [라이클리] ~할 것 같은
- **glorious** [글러-뤼어스] 훌륭한, 멋진
- **bright** [브라이트] 화창한, 빛나는
- **speck** [스페크] 작은 얼룩, 오점
- **seen** [씬-] 보이는, 볼 수 있는
  (see의 과거분사)

표현으로 익히기

B. 흐린 날씨에 대한 표현

- **The sky is getting overcast.**
  더 스카이 이즈 게링 오-붜캐스트.
  하늘이 흐려집니다.

- **It's a little cloudy.**
  잇츠 어 리를 클라우디.
  구름이 약간 끼었습니다.

- **It's getting cloudy a little now.**
  잇츠 게링 클라우디 어 리를 나우.
  조금씩 흐려지는군요.

- **It's rather cloudy, isn't it?**
  잇츠 래더 클라우디, 이즌 잇?
  좀 흐리지 않았습니까?

- **It won't keep fine, I think.**
  잇 원-트 킵- 퐈인, 아이 씽크.
  계속 맑은 것 같지는 않군요.

- **The clouds are gathering.**
  더 클라우즈 아 개더링.
  구름이 모여들고 있습니다.

- **The sun has gone in.**
  더 썬 해즈 건- 인.
  해가 (구름 속에) 들어갔습니다.

- **It is a rather nasty sort of day.**
  잇 이즈 어 래더 내-스티 쏘-트 어브 데이.
  좀 구질구질한 날이군요.

▶Words

- **getting** [게링] 얻다, 받다
- **thick** [씩] 두꺼운, 빽빽한
- **overcast** [오-붜캐스트] 흐린, 구름 덮인
- **gathering** [개더링] 모임, 집회
- **rather** [래더] 오히려, 차라리
- **nasty** [내-스티] 험악한, 거친, 더러운
- **fog** [풔-그] 짙은 안개(mist = fog보다 엷은 안개 / haze = mist보다 엷은 안개, 연무)

표현으로 익히기

- **The fog is very thick.**   안개가 매우 짙습니다.
  더 풔-그이즈 붸뤼 씩.

- **The weather is very uncertain nowadays.**
  더 웨더 이즈 붸뤼 언써-튼 나우어데이즈.
  요즘 날씨는 매우 불확실합니다.

- **It is a dull day.**   우울한 날이군요.
  잇 이즈어 덜 데이.

- **It is getting quite dark.**   아주 어두워지고 있습니다.
  잇 이즈 게링 콰잇 다-크.

- **It looks rather threatening.**   한바탕 비가 쏟아질 것 같습니다.
  잇 룩스 래더 쓰뤠트닝.

- **The weather is not settled.**   날씨가 고르지 못합니다.
  더 웨더 이즈 낫 쎄틀드.

- **It threatens to rain.**   비가 쏟아질 것 같습니다.
  잇 쓰뤠튼스 투 뤠인.

- **The sky is full of dark clouds.**
  더 스카이 이즈 풀 어브 다-크 클라우즈.
  하늘에 먹구름이 잔뜩 끼었습니다.

- **I think the weather is going to be bad.**
  아이 씽크 더 웨더 이즈 고잉 투 비 배드.
  날씨가 나빠질 것 같습니다.

▶ Words

- **uncertain** [언써-튼] 변덕스러운, 불확실한
- **nowadays** [나우어데이즈] 요즈음에는
- **dull** [덜] (날씨가)우중충한
- **settle** [쎄틀] 안정된, 착실한
- **quite** [콰잇] 아주, 완전히, 꽤, 상당히
- **threatens** [쓰뤠튼스] 쏟아질 것 같다
- **threatening** [쓰뤠트닝] 한바탕 비를 뿌릴 것 같은

표현으로 익히기

C. 비 · 눈 · 번개에 대한 표현

- **I think it will turn to wet.**
  아이 씽크 잇 윌 턴- 투 웻.
  비가 올 것 같은 날씨입니다.

- **It looks like rain, doesn't it?**
  잇 룩스 라이크 뤠인, 더즌 잇?
  비가 올 것 같지 않아요?

- **It's raining very hard.**
  잇츠 뤠이닝 붸뤼 하-드.
  비가 거세게 오고 있습니다.

- **I think we shall have snow.**
  아이 씽크 위- 쉘 해브 스노우.
  눈이 올 것 같습니다.

- **Is it raining now?**
  이즈 잇 뤠이닝 나우?
  비가 오고 있나요?

- **It's a wet day.**
  잇츠 어 웻 데이.
  (비가 와서) 축축한 날입니다.

- **It is drizzling.**
  잇 이즈 드뤼즐링.
  이슬비가 옵니다.

- **It's raining in small drops.**
  잇츠 뤠이닝 인 스멀- 드롭스.
  작은 빗방울이 떨어집니다.

- **It is stormy.**
  잇 이즈 스토-미.
  폭풍우가 칩니다.

▶Words

- **turn** [턴-] 변화시키다, 돌리다
- **drizzle** [드뤼즐] 이슬비, 가랑비
- **wet** [웻] 비가 올 듯한, 축축한
- **stormy** [스토-미] 폭풍의

표현으로 익히기

- **We shall have stormy weather.** 폭풍우가 오겠군요.
  위- 쉘 해브 스토-미 웨더.
- **A storm is coming up.** 폭풍우가 일고 있습니다.
  어 스톰- 이즈 커밍 업.
- **It looks like thunder.** 천둥이 칠 것 같습니다.
  잇 룩스 라이크 썬더.
- **We shall have thunder soon.** 곧 천둥이 칠 것 같습니다.
  위- 쉘 해브 썬더 쑨-.
- **It lightens and thunders.** 천둥 번개가 칩니다.
  잇 라이튼쓰 앤 썬더쓰.
- **There is a peal(clap) of thunder.** 천둥이 요란합니다.
  데어 리즈 어 필- (클랩) 어브 썬더.
- **There is a flash of lightening.** 번갯불이 번쩍입니다.
  데어 리즈 어 플래쉬 어브 라이트닝.
- **A thunderbolt has fallen.** 벼락이 떨어졌습니다.
  어 썬더볼트 해즈 쬘-른.
- **The lightning has struck a tree.** 번개가 나무를 때렸습니다.
  더 라이트닝 해즈 스트럭 어 트뤼-.
- **What a heavy thunderstorm!** 굉장한 뇌우군요!
  왓 어 헤뷔 썬더스톰-!

▶ Words

- **storm** [스톰-] 폭풍우
- **shall** [쉘] ~할 것 같다
- **thunder** [썬더] 천둥, 우레
- **struck** [스트럭] 때리다(strike의 과거분사)
- **peal** [필-] 울림
- **clap** [클랩] 쾅, 콰르르(의성어)
- **flash** [플래쉬] 번쩍임, 섬광
- **fallen** [쬘-른] 떨어진(fall의 과거분사)

표현으로 익히기

- **It's raining cats and dogs.** 억수같이 퍼붓는군요.
  잇츠 뤠이닝 캣츠 앤 독-스.
- **I was caught in the rain.** 비를 만났습니다.
  아이 워즈 커-트 인 더 뤠인.
- **I'm soaking wet!** 비에 흠뻑 젖었습니다.
  아임 쏘-킹 웻!
- **Let's take refuge from the rain.** 비를 피하도록 합시다.
  렛츠 테이크 레퓨-즈 프롬 더 뤠인.
- **The storm is over(past) now.** 이제 폭풍우는 지나갔습니다.
  더 스톰- 이즈 오-붜 (패스트) 나우.
- **The rain has almost stopped.** 비가 거의 멎었습니다.
  더 뤠인 해즈 얼-머우스트 스탑트.
- **It has stopped raining.** 비가 그쳤습니다.
  잇 해즈 스탑트 뤠이닝.
- **Is it still raining?** 지금도 비가 오고 있습니까?
  이즈 잇 스틸 뤠이닝?
- **The sun is coming out again.** 다시 해가 나오고 있습니다.
  더 썬 이즈 커밍 아웃 어겐.
- **There's a rainbow.** 무지개가 떴습니다.
  데어즈 어 뤠인보우.

▶Words

- **cats and dogs** [캣츠 앤 독-스] 억수같이(고양이와 개의 사이처럼 나쁘다는 것에 비유)
- **soaking wet** [쏘-킹 웻] 흠뻑 젖다
- **almost** [얼-머우스트] 거의
- **refuge** [레퓨-즈] 피난, 도피
- **still** [스틸] 아직도, 여전히
- **rainbow** [뤠인보우] 무지개

표현으로 익히기

D. 바람에 대한 표현

- **It is windy.** 바람이 붑니다.
  잇 이즈 윈디.

- **The wind is rising.** 바람이 일기 시작합니다.
  더 윈드 이즈 롸이징.

- **It is blowing from the north.** 북풍이 불고 있습니다.
  잇 이즈 블로-잉 프뤔 더 노-쓰.

- **It is blowing very hard.** 바람이 몹시 붑니다.
  잇 이즈 블로-잉 붸뤼 하-드.

- **It's blowing a gale.** 강풍입니다.
  잇츠 블로-잉 어 게일.

- **The wind is going down.** 바람이 가라앉고 있습니다.
  더 윈드 이즈 고잉 다운.

- **From what quarter is the wind?**
  프뤔 왓 쿼-터 이즈 더 윈드?
  바람이 어느 쪽에서 불어오고 있습니까?

- **It is in the east.** 동쪽에서입니다.
  잇 이즈 인 디 이-스트.

- **Is it blowing hard outside?** 바깥은 바람이 심합니까?
  이즈 잇 블로-잉 하-드 아웃싸이드?

▶ Words

- **blow** [블로우] 바람이 불다
- **gale** [게일] 사나운 바람, 질풍, 강풍
- **quarter** [쿼-터] 방위, 방향, 4분의 1
- **outside** [아웃싸이드] 바깥쪽, 외부

표현으로 익히기

E. 춥고 더운 것에 대한 표현

- **It's warm today.**
  잇츠 웜- 투데이.
  오늘은 따스합니다.

- **The weather is growing warm.**
  더 웨더 이즈 그뤄-잉 웜-.
  날씨가 점점 따뜻해지고 있습니다.

- **The air is close.**
  디 에어 이즈 클로우즈.
  무덥습니다.

- **It's very sultry, isn't it?**
  잇츠 붸뤼 설트뤼, 이즌 잇?
  아주 후텁지근하지요?

- **I'm wet with perspiration.**
  아임 웻 위드 퍼-스퍼뤠이션.
  땀에 흠뻑 젖었습니다.

- **How hot day!**
  하우 핫 데이!
  정말 덥군요!

- **It's very cold tonight.**
  잇츠 붸뤼 콜-드 투나잇.
  오늘 밤은 매우 춥군요.

- **It's chilly tonight, isn't it?**
  잇츠 칠리 투나잇, 이즌 잇?
  오늘 밤은 쌀쌀하죠?

- **It's rather cold, isn't it?**
  잇츠 뢔더 콜-드, 이즌 잇?
  좀 추운 편이 아닙니까?

▶ Words

- **warm** [웜-] 따뜻한, 온난한
- **sultry** [설트뤼] 후텁지근한
- **growing** [그뤄-잉] 성장하는
- **chilly** [칠리] 차가운, 쌀쌀한
- **perspiration** [퍼-스퍼뤠이션] 땀에 젖은(perspire의 명사형)

chapter 31 계절에 대한 표현

◐ Dialogue

1 It's cold today, isn't it?
잇츠 콜-드 투데이, 이즌 잇?

2 Yes, winter is almost here.
예스, 윈터 이즈 얼-머우스트 히어.

3 What's your least favorite season?
왓츠 유어 리-스트 풰이붜릿 씨-즌?

4 Winter. I catch a cold all the
윈터. 아이 캣취 어 콜-드 얼- 더
time. I hate winter!
타임. 아이 헤이트 윈터!

5 Winter is my favorite time of
윈터 이즈 마이 풰이붜릿 타임 어브
the year.
더 이어.
Everything's quiet and peaceful
에브뤼씽즈 콰이엇 앤드 피-쓰플
in the winter.
인 더 윈터.

1. 오늘 춥죠?
2. 네, 이제 겨울이네요.
3. 당신이 싫어하는 계절은 뭐예요?
4. 겨울이에요. 항상 감기에 걸려 있거든요. 난 겨울이 싫어요!
5. 겨울은 일년 중 내가 제일 좋아하는 때예요.
   겨울에는 만물이 고요하고 평화롭잖아요.

Part 15. 날씨 · 계절 | **203**

What's your favorite season?
왓츠 유어 풰이뷔륏 씨-즌?
당신이 제일 좋아하는 계절은 언제입니까?

Which do you like better, spring or fall(autumn)?
위치 두- 율라이크 배러, 스프링 오어 풜- (어-텀)?
봄과 가을 중 어느 계절을 더 좋아하십니까?

I like spring best of all seasons in the year.
아이 라이크 스프링 베스트 어브 얼- 씨-즌쓰 인 더 이어.
전 1년 중 봄을 제일 좋아합니다.

계절에 대한 문답 중 가장 기본적인 표현입니다.
가을의 정식 명칭은 원래 autumn이지만, 미국에서는 fall을 더 많이 쓰고 있습니다.

▶▶Words

- **almost** [얼-머우스트] 거의
- **hate** [헤이트] 싫어하다, 미워하다
- **least** [리-스트] 가치가 가장 적은
- **quiet** [콰이엇] 고요한, 조용한
- **favorite** [풰이뷔륏] 매우 좋아하는
- **peaceful** [피-쓰플] 평화로운, 평온한

Level up - 심화학습

study 1
dog days
독- 데이즈
복중

우리말 직역으로 '개의 날'이 아니라 무더운 7, 8월을 가리키는 말입니다.
dog star 또는 sirius(천왕성)라는 별이 7, 8월에는 해와 함께 떴다가 지기 때문에 이런 표현을 쓰게 된 것입니다. 반대로 매우 추운 날씨는 big chill이라고 합니다.

study 2
rainy day
뤠이니 데이
비오는 날

단어 그대로 '비오는 날'이란 뜻이지만, 비유적인 표현으로는 '만약의 경우, 곤궁할 때'의 뜻을 나타내는 말입니다.
예를 들어 보면 It's wise to provide against a rainy day.는 직역하면 '비오는 날에 대비해 두는 것이 현명하다'지만 비유적인 표현으로 '만약의 경우에 대비해 두는 것이 현명하다'라는 비유적인 표현입니다.

표현으로 익히기

A. 계절에 대한 표현

- **Spring has come.** 봄이 왔습니다.
  스프링 해즈 컴.

- **Spring will set-in soon.** 곧 봄이 올 것입니다.
  스프링 윌 쎄틴 쑨-.

- **The flowers are beginning to bloom.**
  더 플라우어즈 아 비기닝 투 블룸-.
  꽃들이 피기 시작했습니다.

- **I like spring best of all seasons in the year.**
  아이 라이크 스프링 베스트 어브 얼- 씨-즌쓰 인 더 이어.
  전 1년 중 봄을 제일 좋아합니다.

- **The days are getting longer and longer.**
  더 데이즈 아 게링 롱-거 앤 롱-거.
  낮이 점점 길어지고 있습니다.

- **Spring is the best season as it is neither cold nor warm.**
  스프링 이즈 더 베스트 씨-즌 애즈 잇이즈 니-더 콜-드 노어 웜-.
  봄은 춥지도 덥지도 않아서 가장 좋은 계절입니다.

- **When does the wet season set-in?** 언제 우기에 접어듭니까?
  웬 더즈 더 웻 씨-즌 쎄틴?

▶Words

- **set-in** [쎄틴] 접어듦, 개시
- **bloom** [블룸-] 꽃이 피다
- **longer and longer** [롱-거 앤 롱-거]
  점점 더 길어지다
- **neither A nor B** [니-더 A 노어 B]
  A도 B도 아니다
  (양쪽 모두를 부정할 때)

표현으로 익히기

- **It has got rather like autumn, hasn't it?** 정말 가을 같지요?
  잇 해즈 갓 래더 라이크 어-텀, 해즌 잇?

- **Which do you like better, spring or autumn?**
  위치 두- 율라이크 배러, 스프링 오어 어-텀?
  봄과 가을 중 어느 계절을 더 좋아하십니까?

- **It is full moon tonight.** 오늘 밤은 보름달이 떴습니다.
  잇 이즈 풀 문- 투나잇.
  = **The moon is full tonight.**
  더 문- 이즈 풀 투나잇.

- **I like to hear the insects singing.**
  아이 라익 투 히어 디 인쎅츠 씽잉.
  저는 벌레 소리 듣는 것을 좋아합니다.

- **We have had much snow this year.**
  위- 해브 해드 머취 스노우 디스 이어.
  올해는 눈이 많이 왔습니다.

- **This is the hottest day we've had this summer.**
  디스 이즈 더 하티스트 데이 위-브 해드 디스 써머.
  오늘이 이번 여름 중 제일 더운 날입니다.

- **Summer seems to have gone.** 여름은 간 것 같습니다.
  써머 씸-즈 투 해브 건-.

- **What a fine autumn day!** 정말 좋은 가을날이군요.
  왓 어 퐈인 어-텀 데이!

▶ Words

- **insects** [인쎅츠] 곤충, 벌레
- **seems** [씸-즈] ~인 것으로 생각된다
- **hottest** [하티스트] 가장 더운
  (hot의 최상급)

표현으로 익히기

- **The leaves are beginning to fall.** 낙엽이 지기 시작했습니다.
  더 리-브즈 아 비기닝 투 쬘-.

- **It's winter now.** 이제 겨울입니다.
  잇츠 윈터 나우.

- **It's awfully cold this morning, isn't it?**
  잇츠 어-쀨리 콜-드 디스 모-닝, 이즌 잇?
  오늘 아침은 꽤 춥지 않습니까?

- **Yes, it's severely cold.** 예, 아주 춥군요.
  예스, 잇츠 써뷔얼리 콜-드.

- **January is the coldest month in Korea.**
  재뉴어뤼 이즈 더 콜-디스트 먼스 인 코뤼아.
  1월이 한국에서 제일 추운 달입니다.

▶ Words

- **fall** [쀨-] 지다, 떨어지다
- **awfully** [어-쀨리] 아주, 무척
- **leaves** [리-브즈] 나뭇잎(leaf의 복수)
- **severely** [써뷔얼리] 호되게

Part 16
전화하기

chapter 32 전화할 때의 기본 표현

chapter 33 통화중 · 부재중일 때

chapter 34 잘못된 전화

chapter 32
전화할 때의 기본 표현

◐ Dialogue

1 Hello, may I speak to
헬로우,   메이 아이 스픽- 투
Kyung-hoon, please?
경-훈,   플리-즈?

2 Hold on, please.
홀-드 온, 플리-즈.
I'll get him for you.
아일 겟 힘 풔- 유.

3 All right. I'll wait.
얼- 롸이트. 아일 웨이트.

4 Hello, this is Kyung-hoon.
헬로우,   디스 이즈   경-훈.
Who's calling, please?
후즈   컬-링,   플리-즈?

5 Hi! This is Tom.
하이! 디스 이즈 톰.

6 Oh, hi! Tom. What's up?
오우, 하이! 톰.   왓츠 업?

1. 여보세요, 경훈 좀 바꿔 주시겠습니까?
2. 끊지 말고 기다리세요. 바꿔 줄게요.
3. 알겠습니다. 기다리죠.
4. 여보세요, 경훈입니다. 실례지만 누구십니까?
5. 안녕! 나 톰이야.
6. 오, 안녕 톰. 웬일이야?

study 1

Hello. May I speak to Kyung-hoon, please?
헬로우. 메이 아이 스픽- 투   경-훈,   플리-즈?
여보세요. 경훈 좀 바꿔 주시겠습니까?

May I speak to~?는 일반적으로 '~와 통화할 수 있을까요?', '~좀 바꿔 주시겠습니까?'라는 의미로 쓰입니다.
May는 Can으로 바꿔 쓸 수도 있습니다. (Can I speak to ~ ?)
speak to는 '~에게 이야기 하다'라는 의미이며, 같은 의미로 talk to로 바꿔 쓸 수도 있습니다. (May I talk to ~ ?)

study 2

Hello. This is Tom.
헬로우.   디스 이즈   톰.
Can I speak to Kyung-hoon, please?
캔 아이 스픽-   투   경-훈,   플리-즈?
여보세요. 저는 톰입니다. 경훈 좀 바꿔 주시겠습니까?

전화를 걸었을 때 Hello, Hi 등 가볍게 인사를 한 뒤 먼저 자신의 신분을 밝히는 것이 예의입니다. 또한 통화를 마칠 때에는 Bye(-bye)라고 하여 상대방에게 대화가 끝났음을 알려주는 것이 예의입니다.

▶Words

- **speak to** [스픽- 투] ~에게 이야기 하다
- **wait** [웨이트] 기다리다
- **hold on** [홀드 온] 끊지 않고 기다리다
- **calling** [컬-링] 부름, 외침

This is Seong-ho.
디스 이즈 성-호.
네, 성호입니다.

직역하면 '이것은 ~이다'이지만 그 쓰임은 다양합니다.
전화 통화에서의 This is는 보통 대화 때의 I am과 같은 의미로 쓰입니다.
또 전화상에서 '여기는 ~입니다'라고 할 때,
ex) This is the broadcasting station.(여기는 방송국입니다)
남을 소개할 때 '이 사람은 ~입니다'라는 의미로 자주 쓰입니다.

ex) This is my co-worker, Tom.(제 동료 톰입니다)

Speaking. Who's calling, please?
스피-킹. 후즈 컬-링, 플리-즈?
전데요. 누구십니까?

상대방 전화에 대해 해당 본인이 직접 전화를 받았을 때 '접니다'라는 의미로 speaking이라고 합니다. This is he.(내가 그입니다)와 같은 뜻입니다.

Hold on, please.
홀-드 온, 플리-즈.
잠깐만 기다리세요.

이 표현은 '전화를 끊지 않고 두다, 기다리다(wait), 그만두다(stop)'라는 의미로 전화를 받았을 때 '잠깐만', '기다려 봐'의 뜻입니다.
이 외에 '기다리세요'의 표현으로 Wait(웨이트), Wait a minute!(웨이트 어 미닛), One moment, please.(원 모-먼트 플-리즈) 등이 많이 쓰입니다.

I'll get him(her) for you.
아일 겟 힘 (허-) 풔- 유.
바꿔드리겠습니다.

전화를 직접 바꿔 줄 때의 기본 표현입니다. 그러나 회사 또는 교환 전화처럼 전화를 다른 곳으로 연결할 경우에는 다음과 같은 표현이 주로 사용됩니다.

ex) I'll put you through now. (지금 연결해 드리겠습니다)
　　I'll connect you. (연결해 드리겠습니다)

표현으로 익히기

A. 전화에 대한 기본 표현

- **The phone is ringing. I'll get it. Hello?**
  더 폰- 이즈 륑잉. 아일 겟 잇. 헬로우.
  전화가 오네. 내가 받을게. 여보세요?

- **Hello? Is this Tom's home?** 여보세요? 거기 톰네 집이지요?
  헬로우. 이즈 디스 톰즈 홈?

- **Hello? Is Mary available?** 여보세요? 거기 메리 있나요?
  헬로우. 이즈 메뤼 어붸이러블?

- **Just a moment, please.** 잠깐만 기다리세요.
  저스트 어 모-먼트, 플리-즈.

- **Don't hang up the phone.** 전화 끊지 마세요.
  도운 행 업 더 폰-.

- **Hello, Mary speaking. Sorry to have kept you waiting.**
  헬로우, 메뤼 스피-킹. 쏘-뤼 투 해브 켑트 유 웨이링.
  여보세요, 메리입니다. 기다리게 해서 미안합니다.

- **Is there a public telephone near here?**
  이즈 데어 어 퍼블릭 텔러폰- 니어 히어?
  이 근처에 공중전화가 있습니까?

- **Hold the line, please.** 끊지 말고 기다리세요.
  홀-드 더 라인, 플리-즈.

▶Words

- **ringing** [륑잉] 울리는
- **hang up** [행 업] (전화를)끊다
- **available** [어붸이러블] 이용할 수 있는
- **moment** [모-먼트] 잠깐, 순간
- **public telephone** [퍼블릭 텔러폰-] 공중전화

Part 16. 전화하기 | **215**

◗ 표현으로 익히기

▪ **May I use your telephone a minute?**
메이 아이 유즈 유어 텔러폰- 어 미닛?
전화 좀 잠깐 쓸 수 있을까요?

▪ **I can't catch what you are saying.**
아이 캔트 캐취 왓 유 아 쎄잉.
무슨 말씀인지 알아듣지 못하겠습니다.

▪ **Would you speak a little louder?**
우쥬- 스피-크 어 리를 라우더?
좀더 크게 말씀해 주시겠어요?

▪ **Please speak more slowly.** 좀더 천천히 말씀해 주세요.
플리-즈 스피-크 모어 슬로울리.

▪ **Will you call me up this evening?**
윌류- 컬- 미- 업 디스 이-브닝?
오늘 저녁에 전화 좀 걸어 주시겠어요?

▪ **Phone me when you want me.** 용건이 생기면 전화하세요.
폰- 미- 웬 유 원-트 미-.

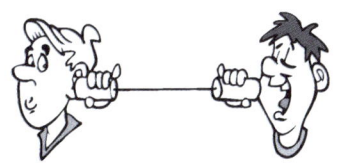

▶Words
- **use** [유즈] 사용하다
- **more** [모어] 조금 더
- **catch** [캐취] 이해하다, 잡다
- **slowly** [슬로울리] 느리게, 천천히
- **louder** [라우더] 큰 소리로

chapter 33 통화중 · 부재중일 때

) Dialogue

1 Hello. This is Tom.
헬로우. 디스 이즈 톰.

Can I speak to Jane, please?
캔 아이 스픽- 투 제인, 플리-즈?

2 I'm sorry, She's not here right now.
아임 쏘-뤼, 쉬즈 낫 히어 롸이트 나우.

May I take a message for her?
메이 아이 테이크 어 메씨쥐 풔- 허-?

3 Yes, please.
예스, 플리-즈.

Tell her that this is Tom.
텔 허- 댓 디스 이즈 톰.

4 Sure, I'll give her the message.
슈어, 아일 기브 허- 더 메씨쥐.

5 Thank you.
땡큐.

6 That's all right. Bye.
댓츠 얼- 롸이트. 바이.

1. 여보세요. 저는 톰입니다.
   제인과 통화할 수 있나요?
2. 미안합니다, 지금 없는데요.
   메시지를 남기시겠어요?
3. 예. 톰이 전화했었다고 전해 주세요.
4. 알았어요, 전할게요.
5. 고맙습니다.
6. 괜찮아요. 그럼 이만.

I'm sorry. He's on the other line.
아임 쏘-뤼. 히즈 온 디 아더 라인.
죄송합니다. 통화중이십니다.

'통화중'임을 전하는 기본 표현입니다. 다른 표현으로는 The line is busy.나 He is on another line.이 주로 쓰입니다.

I'm sorry. He's not here right now.
아임 쏘-뤼. 히즈 낫 히어 롸이트 나우.
죄송합니다. 지금 안 계십니다.

I'm sorry. He's out.
아임 쏘-뤼. 히즈 아웃.
죄송합니다. 외출중이십니다.

위의 두 가지 문장이 자주 쓰이는 기본 표현입니다. 장소를 나타내는 here 대신에 in(안), home(집), office(사무실), at his desk(자리) 등으로 대체해서 표현할 수 있습니다.

I'll call back later. / I'll call again.
아일 컬- 백 레이러. / 아일 컬- 어겐.
제가 나중에 다시 걸겠습니다.

반대로 상대방이 나에게 하는 말은 다음과 같습니다.

ex) Call back late. (나중에 다시 전화하세요.)
　　Could you call back? (나중에 다시 전화해 주시겠어요?)

▶Words

- **massage** [메씨쥐] 메시지, 전할 말
- **sure** [슈어] 물론, 좋고 말고
- **tell** [텔] 말하다
- **give** [기브] 주다, 전하다

May I take a message?
메이 아이 테이크 어 메씨쥐?
메시지를 남기시겠습니까?

May I ~ ?는 '(제가) ~해도 좋겠습니까?'의 뜻으로 앞서도 여러 번 강조된 기본 표현입니다.
보다 정중한 표현으로는 Would you like to leave a message? 라는 표현이 자주 쓰입니다.

May I leave a message?
메이 아이 리-브 어 메씨쥐?
메시지를 남겨도 되겠습니까?

take(받다, 가지다) 대신에 leave(남기다)를 쓰면 반대의 경우가 됩니다. take와 leave는 문맥에 따라 혼동하기 쉽습니다. 다음의 경우에서처럼 주어의 관점을 잘 살펴서 혼동하지 않아야 합니다.

ex) Can you take a message? (메시지를 전해 주시겠습니까?)
　　 I'd like to leave a message. (메시지를 남기고 싶은데요.)

Tell him that this is Tom.
텔 힘 댓 디스 이즈 톰.
톰이 전화했었다고 전해 주세요.

Would you have him call Tom? My number is 216-0755.
우쥬- 해브 힘 컬- 톰? 마이 넘버 이즈 216-0755.
톰에게 전화해 달라고 전해 주시겠어요? 제 번호는 216-0755입니다.

전화 번호는 한 자리씩 끊어서 말합니다.
위 문장에서의 216-0755는 two, one, six, oh, seven, double five입니다.
번호 중의 oh는 숫자 0(zero)를 말합니다.

표현으로 익히기

A. 통화중·부재중일 때의 표현

- **She is on the phone.**
  쉬 이즈 온 더 폰-.
  그분은 통화중이신데요.

- **He's on another line.**
  히즈 온 어나더 라인.
  그분은 통화중이신데요.

- **Sorry, he is not in.**
  쏘-뤼, 히 이즈 낫 인.
  없는데요.

- **Sorry, he is out.**
  쏘-뤼, 히 이즈 아웃.
  외출했는데요.

- **I'm sorry, but Tom isn't in right now.**
  아임 쏘-뤼, 벗 톰 이즌 인 롸이트 나우.
  톰은 지금 없어요.

- **Sorry, he has just stepped out.**
  쏘-뤼, 히 해즈 저스트 스텝트 아웃.
  방금 나가셨는데요.

- **Sorry, he is not at his desk.**
  쏘-뤼, 히 이즈 낫 앳 히즈 데스크.
  자리에 없는데요.

- **Sorry, he's out of the town on business.**
  쏘-뤼, 히즈 아웃 어브 더 타운 온 비즈니쓰.
  그분은 출장중입니다.

▶ Words

- **right now** [롸이트 나우] 바로 지금, 지금 현재
- **desk** [데스크] 책상, 자리
- **step out** [스텝 아웃] 잠시 자리를 비우다
- **town** [타운] 도회지
- **business** [비즈니쓰] 업무, 직업

표현으로 익히기

B. 메시지를 남길 때의 표현

- **Could you have him call Jane when he comes back?**
  쿠쥬- 해브 힘 콜- 제인 웬 히 컴스 백?
  그가 돌아오면 제인에게 전화해 달라고 전해 주시겠어요?

- **Please tell him to call me as soon as he gets back .**
  플리-즈 텔 힘 투 콜- 미- 애즈 쑨- 애즈 히 겟츠 백.
  그분께 돌아오는 즉시 전화해 달라고 전해 주세요.

- **This is Jane and my number is 215-0745.**
  디스 이즈 제인 앤드 마이 넘버 이즈 215-0745.
  저는 제인이고 제 전화번호는 215-0745입니다.

- **Would you ask him to call Miss Shin at 909-3421.**
  우쥬- 애스크 힘 투 콜- 미쓰 신 앳 909-3421.
  미스 신한테 전화 왔었다고 전해 주세요. 번호는 909-3421입니다.

- **Just tell him I called.**   제가 전화했었다고만 전해 주세요.
  저스트 텔 힘 아이 콜-드.

- **I'll call back.**   제가 다시 걸게요.
  아일 콜- 백.

- **I'll call later.**   제가 나중에 걸게요.
  아일 콜- 레이러.

- **Call back later.**   나중에 전화하세요.
  콜- 백 레이러.

▶Words

- **ask** [애스크] 묻다, 요구하다
- **later** [레이러] 나중에, ~후에
- **as soon as** [애즈 쑨- 애즈] 하자마자, 가능한 한 빨리

Part 16. 전화하기 | **221**

▶ 표현으로 익히기

■ **Would you take a message, please?**
우쥬- 테이크 어 메씨쥐, 플리-즈?
　　　　　　　　　　　　　메시지를 전해 주시겠습니까?

■ **Would you like to leave a message for him?**
우쥴 라잌 투 리-브 어 메씨쥐 풔- 힘?
　　　　　　　　　　　　　그분께 메시지를 남기시겠습니까?

■ **Is there any message?**　　전할 말이 있나요?
이즈 데어 에니 메씨쥐?

■ **Can I leave a message?**　　메시지를 남겨도 될까요?
캔 아이 리-브 어 메씨쥐?

■ **Can you take a message?**　메시지를 전해 주시겠습니까?
캔 유 테이크 어 메씨쥐?

■ **I'd like to leave a message.**　메시지를 전해 주시겠습니까?
아이들라잌 투 리-브 어 메씨쥐.

▶Words

- **massage** [메씨쥐] 메시지
- **take** [테이크] 받다, 수납하다
- **leave** [리-브] 남기다, 두고가다

chapter 34 잘못된 전화

Dialogue

1 Hello?
헬로우?

2 Is Miss Shin there?
이즈 미쓰 신 데어?

3 Sorry, there is no one here by
쏘-뤼, 데어리즈 노우 원 히어 바이
that name.
댓 네임.
What number did you dial?
왓 넘버 디쥬- 다이얼?

4 Is this 555-1234?
이즈 디스 퐈입퐈입퐈입 - 원투-쓰뤼-풔-?

5 Sorry, you've got the wrong number.
쏘-뤼, 유브 갓 더 륑- 넘버.

6 I'm sorry to disturb you.
아임 쏘-뤼 투 디스터-브 유.

7 That's O.K.. Bye.
댓츠 오우케이. 바이.

1. 여보세요?
2. 미스 신과 통화하고 싶은데요?
3. 유감스럽게도 여긴 그런 이름 가진 사람은 없는데요. 몇 번으로 거셨나요?
4. 555-1234 아닌가요?
5. 전화 잘못 거셨습니다.
6. 방해해서 죄송합니다.
7. 괜찮습니다. 끊습니다.

study 1

Sorry, you must have the wrong number.
쏘-뤼, 유 머스트 해브 더 륑- 넘버.
유감스럽게도 잘못 전화하신 것 같습니다.

'must have + 과거분사'는 '~이었음(했음)에 틀림없다'라는 상용 구문입니다.

study 2

Sorry, you've got the wrong number.
쏘-뤼, 유브 갓 더 륑- 넘버.
유감스럽게도 잘못 전화하셨습니다.

'get the wrong number'는 '전화를 잘못 걸다'라는 상용 구문입니다.
이미 전화를 건 상태이므로 get의 과거형인 got으로 씁니다.

study 3

I'm sorry, I've got the wrong number.
아임 쏘-뤼, 아이브 갓 더 륑- 넘버.
미안합니다, 제가 잘못 건 것 같습니다.

'You have'에서 'I have'로 주어만 바꾸면 반대의 경우로 사과하는 표현이 됩니다.

▶Words

- **number** [넘버] 숫자, 번호
- **wrong** [륑-] 그릇된, 나쁜, 고장난
- **dial** [다이얼] 전화를 걸다
- **disturb** [디스터-브] 방해하다

표현으로 익히기

A. 잘못된 전화일 때의 표현

- **Sorry, but there is no Tom here.**
  쏘-뤼, 벗 데어 리즈 노우 톰 히어.
  미안하지만 여긴 톰이란 사람은 없습니다.

- **I'm afraid you have the wrong number.**
  아임 어프레이드 유 해브 더 륑- 넘버.
  전화를 잘못 거신 것 같습니다.

- **You dialed the wrong number.** 전화를 잘못 거셨습니다.
  유 다이얼드 더 륑- 넘버.

- **Sorry, you have dialed the wrong number.**
  쏘-뤼, 유 해브 다이얼드 더 륑- 넘버.
  유감스럽게도 잘못 전화하신 것 같습니다.

- **I'm sorry, I've got the wrong number.**
  아임 쏘-뤼, 아이브 갓 더 륑- 넘버.
  미안합니다, 제가 잘못 건 것 같습니다.

- **I'm sorry for interrupting.** 방해해서 죄송합니다.
  아임 쏘-뤼 풔- 인터뤕팅.

- **I'm sorry I bothered you.** 폐를 끼쳐 죄송합니다.
  아임 쏘-뤼 아이 바더드 유.

▶ Words

- **afraid** [어프레이드] 섭섭하게 생각하는
- **wrong** [륑-] 그릇된, 나쁜, 고장난
- **bother** [바더] 괴롭히다, 성가시게 하다
- **interrupt** [인터뤕트] 방해하다

Part 17
길 안내

chapter **35**　길을 물을 때

chapter **36**　길을 가르쳐 줄 때

chapter 35 길을 물을 때

▶ Dialogue

1 **Excuse me, but I'm lost.**
익쓰큐-즈 미-, 벗 아임 로-스트.
Would you tell me the way to
우쥬- 텔 미- 더 웨이 투
the City Hall?
더 씨리 헐-?

2 **Go straight and it'll be on your left.**
고우 스트레이트 앤드 잇일 비 온 유어 레프트.

3 **How long will it take?**
하울롱- 윌 잇 테이크?

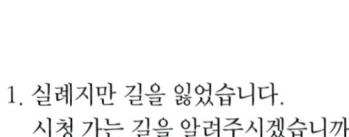

4 **Well, about a ten minutes on foot,**
웰, 어바웃 어 텐 미닛츠 온 풋,
I should say.
아이 슈드 쎄이.

5 **Thank you for your kindness.**
땡큐 풔- 유어 카인드니쓰.

6 **Not at all.**
낫 앳 얼-.

---

1. 실례지만 길을 잃었습니다.
   시청 가는 길을 알려주시겠습니까?
2. 곧장 가시면 왼쪽에 보일 겁니다.
3. 얼마나 걸릴까요?
4. 글쎄요, 걸어서 10분쯤은 걸릴 겁니다.
5. 친절에 감사드립니다.
6. 천만에요.

Part 17. 길 안내 | **227**

study 1

Excuse me, would you tell me the way to ~?
익쓰큐-즈 미-, 우쥬- 텔 미- 더 웨이 투~?

실례지만, ~로 가는 길을 알려 주시겠습니까?

낯선 곳에서 길을 잃었을 때 많이 사용하는 대표적인 표현으로서 외워 두면 실제 상황에서 당황하지 않고 유용하게 쓸 수 있습니다.
- 길을 물을 때는 먼저 상대방의 시간을 빼앗은 데 대해 Excuse me. 라고 양해를 구하는 것이 예의입니다.
- 정중한 표현인 would나 could 대신에 can으로도 씁니다.
- tell 대신에 show나 direct to~로도 씁니다.

ex) Could you tell me the way to ~?
    Can you tell me the way to ~?
    Would you show me the way to ~?
    Can you direct me to ~?

UIDE

묻는 대상(길, 방법, 장소)에 따라 다양한 표현이 있습니다. 모두 익힐 것까지는 없겠지만 차근차근 풀어 보면 어렵지 않은 문장들이므로 살펴두면 유익할 것입니다.

▶Words

- **lost** [로-스트] 길을 잃은
- **straight** [스트뤠이트] 곧장, 곧은
- **on foot** [온 풋] 도보로, 걸어서
- **about** [어바웃] 대략, 약
- **kindness** [카인드니씨] 친절

Would you tell me the where the City Hall is?
우쥬- 텔 미- 더 웨어 더 씨리 헐- 이즈?
시청이 어디에 있는지 알려 주시겠습니까?

장소를 묻는 기본 표현입니다.

Could you tell me the how to get to the City Hall?
쿠쥬- 텔 미- 더 하우 투 겟 투 더 씨리 헐-?
Could you tell me the how can I get to the City Hall?
쿠쥬- 텔 미- 더 하우 캔 아이 겟 투 더 씨리 헐-?
시청을 어떻게 가야 하는지 알려 주시겠습니까?

방법을 묻는 기본 표현입니다.

Where can I find the City Hall?
웨어 캔 아이 퐈인드 더 씨리 헐-?
시청을 어디서 찾을 수 있습니까?

Where can I catch a bus?
웨어 캔 아이 캣취 어 버스?
버스를 어디서 탈 수 있습니까?

Where can I get a bus ticket?
웨어 캔 아이 겟 어 버스 티킷?
버스표를 어디서 살 수 있습니까?

의문사 Where를 이용한 간단한 표현입니다.
'Where can I + 동사 + 찾는 대상'은 꼭 익혀 두어야 할 구문입니다.

Is there a subway station near here?
이즈 데어 어 써웨이 스테이션 니어 히어?
이 근처에 가까운 지하철역이 있습니까?

Is this the right way to the City Hall?
이즈 디스 더 롸이트 웨이 투 더 씨리 헐-?
= Will this road take me to the City Hall?
윌 디스 뤄-드 테잌 미- 투 더 씨리 헐-?
여기가 시청 가는 길이 맞습니까?

be동사를 이용한 간단한 표현입니다.
'Is there ~ ?'(~이 있습니까?), 'Is this ~ ?'(~입니까?) 등 기본형 표현입니다.

chapter 36 길을 가르쳐 줄 때

) Dialogue

1. **Excuse me, officer.**
   익쓰큐-즈 미-, 어-퓌써.

2. **Yes, sir. May I help you?**
   예스, 써-. 메이 아이 헬프 유?

3. **Is this the right way to the Central Park?**
   이즈 디스 더 롸이트 웨이 투 더 쎈트럴 파-크?

4. **No, you are quite wrong. You must go back.**
   노우, 유 아 콰잇 륑-. 유 머스트 고우 백.

5. **Is it very far from here?**
   이즈 잇 붸뤼 퐈- 프롬 히어?

6. **No, not so far.**
   노우, 낫 쏘우 퐈-.

7. **Thank you very much.**
   땡큐 붸뤼 머취.

8. **You're welcome.**
   유아 웰컴.

1. 실례합니다, 경찰관님.
2. 네. 무엇을 도와드릴까요?
3. 여기가 센트럴 파크 가는 길입니까?
4. 아니오, 잘못 오셨습니다.
   되돌아가셔야겠군요.
5. 여기에서 많이 멉니까?
6. 아니오, 별로 멀지 않습니다.
7. 정말 고맙습니다.
8. 천만에요.

It's right across the street.
잇츠 롸이트 어크뤄-쓰 더 스트뤼-트.
바로 길 건너에 있습니다.

It's two blocks down.
잇츠 투- 블럭쓰 다운.
두 구역 앞에 있습니다.

방향이나 길을 묻는 물음에 대한 대답은 주로 'It is~'를 사용하면 간단하게 표현할 수 있습니다.

Go straight on this street.
고우 스트뤠이트 온 디스 스트뤼-트.
이 길을 곧장 가세요.

Turn right(left).
턴 롸이트 (레프트).
오른쪽(왼쪽)으로 돌아가세요.

방향을 알려 줄 때의 기본 표현입니다. 다음의 몇 가지 표현을 응용하면 훨씬 수월하게 길 안내를 할 수 있을 것입니다.

ex) Turn left at the next intersecton. (다음 교차로에서 왼쪽으로 도세요.)
　　Turn right at the crossroad. (저 건널목에서 오른쪽으로 도세요.)
　　Take the next road to the right. (다음 길을 오른쪽으로 꺾어 가세요.)
　　Follow this way for 3kilometers. (이 길로 3Km 정도 가세요.)
　　Go straight and it'll be on your left. (곧장 가면 왼쪽에 보일 겁니다.)
　　Turn to the left at the second corner, and you'll find it.
　　　　　　(두 번째 골목에서 왼쪽으로 꺾어지면 보일 것입니다.)

▶Words

- **officer** [어-퓌써] 경찰관
- **right** [롸이트] 옳은, 맞는
- **wrong** [륑-] 그릇된, 나쁜, 고장난
- **far** [퐈-] 멀리
- **quite** [콰잇] 아주, 완전히, 꽤, 상당히

You got me.
유 갓 미-.
잘 모르겠습니다.

이 표현은 직역하면 '당신이 나를 잡았다', '당신이 어려운 질문을 해서 나를 꼼짝 못하게 했다'는 의미입니다. 결국 '모르겠다'라는 뜻으로 어려운 질문을 받았을 때 I don't know.와 같은 의미로 흔히 쓰이는 말입니다.
이 외에도 'Beats me.', 'Search me.'도 같은 의미로 쓰입니다.

I'm sorry, I'm stranger here myself.
아임 쏘-뤼, 아임 스트뤤줘 히어 마이쎌프.
미안하지만, 저도 여기는 처음입니다.

이 표현은 직역하면 '저는 이곳에서는 낯선 사람입니다'로 즉, '저도 여기는 처음입니다'라는 의미입니다. 가장 흔히 쓰이는 표현입니다.
같은 의미로 다음과 같은 표현들이 있습니다.

ex) I'm new here myself. (저도 여기가 처음입니다)
　　I'm not from here. (전 여기 출신이 아닙니다)
　　I don't know this area. (전 이 구역을 잘 모릅니다)

Part 17. 길 안내 | **233**

표현으로 익히기

A. 길 안내에 대한 표현

- **Will you show me the way to the post office?**
  윌류- 쇼우 미- 더 웨이 투 더 포-스트 어-퓌쓰?
  우체국 가는 길을 알려 주시겠습니까?

- **Which is the easiest way to A from here?**
  위치 이즈 디 이-지스트 웨이 투 A 프룸 히어?
  여기에서 A로 가는 지름길이 어디입니까?

- **Is there a department store about here?**
  이즈 데어 어 디파-트먼트 스토어 어바웃 히어?
  이 근처에 백화점이 있습니까?

- **Where can I find the bus stop?**
  웨어 캔 아이 퐈인드 더 버스 스탑?
  버스 정류장은 어디에 있습니까?

- **About where would this address be?**
  어바웃 웨어 우드 디스 어드뤠스 비?
  이 주소는 어디쯤입니까?

- **Could you draw me a map, please?**
  쿠쥬- 드뤄- 미- 어 맵, 플리-즈?
  지도를 그려 주시겠습니까?

▶Words

- **post office** [포-스트 어-퓌쓰] 우체국
- **address** [어드뤠스] 주소
- **easiest** [이-지스트] 쉬운(easy의 최상급)
- **draw** [드뤄-] (그림을)선으로 그리다
- **bus stop** [버스 스탑] 버스정류장
- **map** [맵] 지도
- **department store**
  [디파-트먼트 스토어] 백화점

▶ 표현으로 익히기

- **How long does it take to get there?**
  하울롱- 더즈 잇 테일 투 겟 데어?
  거기까지 얼마나 (시간이) 걸릴까요?

- **How far is it from here to the park?**
  하우 퐈- 이즈 잇 프롬 히어 투 더 파-크?
  여기에서 공원까지는 (거리가) 얼마나 됩니까?

- **Will it take me long to get there?** 거기까지 한참 가야 합니까?
  윌 잇 테일 미- 롱- 투 겟 데어?

- **Where is this street on the map?**
  웨어리즈 디스 스트뤼-트 온 더 맵?
  이 길은 이 지도에서 어디입니까?

- **Where am I now?** 여기가 어디입니까?
  웨어 앰 아이 나우?

- **Where am I on this map?** 여기가 이 지도에서 어디입니까?
  웨어 앰 아이 온 디스 맵?

- **What's the name of this street?** 이 길의 이름이니까?
  왓츠 더 네임 어브 디스 스트뤼-트?

- **I'll take you there.** 제가 데려다 드릴게요.
  아일 테이크 유 데어.

- **Just come with me.** 절 따라오세요.
  저스트 컴 위드 미-.

▶ Words

- **far** [퐈-] 멀리
- **long** [롱-] 긴, 오랜
- **park** [파-크] 공원
- **street** [스트뤼-트] 거리, 길

Part 18

교통수단 이용하기

chapter 37   버스를 이용할 때

chapter 38   지하철을 이용할 때

chapter 39   기차를 이용할 때

chapter 40   택시를 이용할 때

chapter 37 버스를 이용할 때

◐ Dialogue

1 Does this bus go to the Namsan?
더즈 디스 버스 고우 투 더   남산?

2 No, sir. You are on the wrong bus.
노우, 써-. 유 아 온 더 륑- 버스.

3 What should I do?
왓   슈드 아이두-?

I have no idea where I am.
아이 해브 노우 아이디-어 웨어 아이 앰.

4 You have to change bus
유 해브 투 췌인쥐 버스

number 102.
넘버   원오우투-.

5 I see. I'll get off at the next stop.
아이씨-. 아일 겟 어-프 앳 더 넥스트 스탑.

1. 이 버스가 남산 가는 버스인가요?
2. 아니오. 잘못 타셨습니다.
3. 어떻게 해야 하지요?
   여기가 어딘지를 잘 모르겠어요.
4. 102번 버스로 갈아타세요.
5. 알았습니다.
   다음 정류장에서 내릴게요.

Part 18. 교통수단 이용하기 | **237**

Is this the right bus to Dongdamun?
이즈 디스 더 롸이트 버스 투 동대문?
이 버스가 동대문까지 가는 버스 맞습니까?

버스를 타기 전에 주변 사람들에게 확인해 볼 때 쓰이는 대표적인 표현입니다.
take는 일반적으로 '가지다'라는 의미로 많이 쓰이지만 이 문장에서는 '~을 타다, (탈 것이) 사람을 나르다'라는 의미로 쓰입니다. this는 가까운 곳에 있을 때 쓰며, 약간 멀리 떨어진 것을 지칭할 때는 that을 사용합니다.

Does this bus go to the Dongdamun?
더즈 디스 버스 고우 투 더 동대문?
이 버스가 동대문 가는 버스인가요?

이미 버스에 탄 상황에서 운전기사나 다른 승객에게 확인해 볼 때 쓰이는 표현입니다. 답변은 Yes, you are.(예, 맞습니다)나 No, you aren't.(아니오, 틀립니다)로 합니다. 간단하게 Yes나 No로만 답변할 수도 있습니다.

You are on the wrong bus.
유 아 온 더 뤙- 버스.
아니오. 잘못 타셨습니다.

위 예문은 직역하면 '당신은 틀린 버스 위에 있습니다'라는 말이 됩니다. 즉, 버스를 잘못 탔다는 말이 됩니다.
다른 표현으로는 'You have the wrong bus.' 정도가 자주 쓰입니다.

▶Words

- **idea** [아이디-에] 생각
- **get off** [겟 어-프] (차에서)내리다
- **change** [췌인쥐] 바꾸다
- **stop** [스탑] 정류장

chapter 38 지하철을 이용할 때

) Dialogue

1. **Excuse me, what is the next stop?**
   익쓰큐-즈 미-, 왓 이즈 더 넥스트 스탑?

2. **It's Sadang.**
   잇츠 사당.

3. **Can I change the No. 1 line there?**
   캔 아이 췌인쥐 더 넘버 원 라인 데어?

4. **No. In Sadang, there is the No. 4 line.**
   노우. 인 사당, 데어리즈 더 넘버 풔- 라인.

5. **Then, how can I get to the No. 1 line?**
   덴, 하우 캔 아이겟 투 더 넘버 원 라인?

6. **You can change the No. 1 line**
   유 캔 췌인쥐 더 넘버 원 라인
   at Sindorim.
   앳 신도림.

7. **Would you tell me when to get off?**
   우쥬- 텔 미- 웬 투 겟 어-프?

1. 실례지만 다음 역은 어디입니까?
2. 사당역입니다.
3. 사당에서 1호선으로 갈아탈 수 있습니까?
4. 아니오. 사당에는 4호선이 있습니다.
5. 그럼, 1호선은 어떻게 타야 합니까?
6. 신도림에서 1호선으로 갈아탈 수 있습니다.
7. 언제 내려야 하는지 가르쳐 주시겠습니까?

Part 18. 교통수단 이용하기 | **239**

Would you tell me when to get off?
우쥬- 텔 미- 웬 투 겟 어-프?
언제 내려야 하는지 가르쳐 주시겠습니까?

열차, 버스, 비행기, 여객선 등 대형 교통 수단을 이용할 때는 get on, get off를 주로 쓰지만, 택시나 자가용 같은 작고 개인적인 용도의 차량을 탈 때는 get in, get out을 씁니다.
위 예문에 대해 'Sure'(물론입니다.) 정도면 간단한 답변이 됩니다.

The next stop is Sindorim.
더 넥스트 스탑 이즈 신도림.
다음 정류장이 신도림역입니다.

'다음'은 after로 씁니다. stop은 버스 정류장이나 열차, 전철의 역을 말합니다. '다음 역'은 the next stop이라고 할 수 있고, '다음 다음 역'은 the stop after next라고 합니다. 택시 정거장은 taxi stand를 씁니다.

우리 나라나 미국에서는 지하철을 subway(써웨이)라고 하지만, 영국에서는 tube(튜브)나 underground(언더그라운드)라고 표현합니다.
우리 나라 지하철은 각 호선(line number 1~8)별로 컬러를 달리한 명칭으로도 쓰고 있습니다. 색깔로 구분할 때는 the를 앞에 붙여야 합니다.

- 1호선 : the dark-blue line
- 2호선 : the green line
- 3호선 : the orange line
- 4호선 : the blue line
- 5호선 : the purple line
- 6호선 : the brown line
- 7호선 : the olive line
- 8호선 : the pink line

▶Words

· **change** [췌인쥐] 갈아타다, 바꾸다
· **then** [덴] 그렇다면, 그 다음에
· **line** [라인] 노선, 항로, 선
· **get off** [겟 어-프] (차에서) 내리다

chapter 39 기차를 이용할 때

) Dialogue

1 What's the best way to get to Busan?
왓츠 더 베스트 웨이 투 겟 투 부산?

2 You should take a train.
유 슈드 테이크 어 트뤠인.

3 How often do the trains run?
하우 업튼 두- 더 트뤠인즈 뤈?

4 Every 30 minutes.
에브뤼 써-뤼 미닛츠.

5 When does the next train for
웬 더즈 더 넥스트 트뤠인 풔-

Busan depart?
부산 디파-트?

6 It leaves at 10:20 from track 2.
잇 리-브즈 앳 텐트웨니 프롬 트랙 투-.

7 Let me have a ticket for 10:20.
렛 미- 해브 어 티킷 풔- 텐트웨니.

1. 부산으로 가려면 어떻게 가야 합니까?
2. 기차를 타는 게 편하실 겁니다.
3. 기차는 얼마나 자주 있습니까?
4. 약 30분마다 있습니다.
5. 부산행 다음 기차는 언제 있습니까?
6. 승강장 2번에서 10시 20분에 떠납니다.
7. 10시 20분 표 한 장 주세요.

What's the best way to get to Busan?
왓츠 더 베스트 웨이 투 겟 투 부산?
부산으로 가려면 어떻게 가야 합니까?

Which train should I take for Busan?
위치 트뤠인 슈드 아이 테이크 풔- 부산?
부산으로 가는 기차는 어느 것입니까?

what(무엇)은 한정되지 않은 방법이나 대상을 물을 때 쓰이며,
which(어느 것)는 한정된 여러 종류 중에서 하나를 물을 때 쓰입니다.

Let me have a ticket for Busan.
렛 미- 해브 어 티킷 풔- 부산.
부산행 표 한 장 주세요.

승차권의 종류는 one-way ticket(편도 승차권), round trip ticket(왕복 승차권)이 있습니다.
ex) two one-way tickets (편도 승차권 2장)
　　two round trip tickets (왕복 승차권 2장)

track / platform
트랙 / 플랫폼-
승강장

track은 기차, 열차의 승강장이 한 쪽으로만 되어 있는 곳을 말하며, platform은 승강장이 양쪽으로 되어 있는 곳을 말합니다.

▶ Words

- **way** [웨이] 수단, 방법, 길
- **depart** [디파-트] 출발하다
- **often** [업튼] 종종, 자주
- **leave** [리-브] 떠나다
- **run** [뤈] 운행하다, 달리다
- **track** [트랙] 선로, 통로
- **every** [에브뤼] 모든, 전부
- **ticket** [티킷] 표, 승차권

Level up - 심화학습

study 1
Where can I catch a bus for Busan?
웨어 캔 아이 캣취 어 버스 풔- 부산?
부산행 버스를 어디서 탈 수 있습니까?

길 안내에서도 배웠던 'Where can I + 동사 + 찾는 대상'은 교통 수단을 이용할 때 자주 쓰이는 중요한 표현입니다.

study 2
Will this train take me to Seoul Station?
윌 디스 트뤠인 테이크 미- 투 서울 스테이션?
이 열차가 서울역까지 가는 열차입니까?

take는 일반적으로 '가지다'라는 의미로 많이 쓰이지만 이 문장에서는 '~을 타다, (탈 것이) 사람을 나르다'라는 의미로 쓰입니다. this는 가까운 곳에 있을 때 쓰며, 약간 멀리 떨어진 것을 지칭할 때는 that을 사용합니다.

GUIDE

상용 구문들을 익혀 두면 매우 편리합니다.
- 버스를 잘못 타다 : have the wrong bus
- 기차를 놓치다 : miss the train
- 버스를 잡다, 타다 : catch the bus / make the bus / take the bus
- 기차를 타고 가다 : go by train / go on a train
- 택시를 타고 가다 : go by taxi / go in a taxi
- 걷다 : go on foot

How long will the next bus be?
하울롱- 윌 더 넥스트 버스 비?
다음 버스가 오려면 얼마나 걸릴 것 같습니까?

이 표현은 How long will it be before the next bus arrives?를 줄인 말입니다. How는 'How do you know?'(어떻게 알았어?)와 같이 방법을 물을 때나 'How do you go there?'(어떻게 그곳에 가니?)와 같이 이용할 교통 수단을 물을 때에 쓰이기도 하지만 '정도, 양' 등을 묻는 표현에도 많이 쓰입니다. How를 활용할 수 있는 예를 살펴보겠습니다.

ex) How soon ~ ?   (얼마나 곧 ~ ?)
　　How much ~ ?   (얼마나 많이 ~ ? [셀 수 없는 대상일 때])
　　How many ~ ?   (얼마나 많이 ~ ? [셀 수 있는 대상일 때])
　　How far ~ ?   (얼마나 멀리 ~ ?)
　　How long ~ ?   (얼마나 오래 ~ ?)
　　How often ~ ? (얼마나 자주 ~ ?)
　　How fast ~ ?   (얼마나 빨리 ~ ?)

chapter 40 택시를 이용할 때

) Dialogue

1 **Where to, sir?**
웨어 투, 써-?

2 **City Hall, please.**
씨리 헐-, 플리-즈.

How long does it take to get there?
하울롱- 더즈 잇 테잌 투 겟 데어?

3 **It usually takes about 20 minutes,**
잇 유-쥴리 테익스 어바웃 트웨니 미닛츠,

but the road is crowded with cars
벗 더 뤄-드 이즈 크롸우디드 위드 카-쓰

right now.
라이트 나우.

4 **Here we are, sir.**
히어 위- 아, 써-.

5 **How much is it?**
하우 머취 이즈 잇?

6 **It's 4,700 won.**
잇츠 풔- 싸우전드 앤드 쎄븐 헌드뤠드 원.

7 **Keep the change.**
킵- 더 췌인쥐.

---

1. 어디 가십니까?
2. 시청, 부탁합니다.
   거기까지 얼마나 걸립니까?
3. 보통 약 20분 정도 걸리는데요,
   지금은 길이 막히는군요.

(잠시후)
4. 손님, 도착했습니다.
5. 요금은 얼마죠?
6. 4,700원입니다.
7. 거스름돈은 받아두세요.

Part 18. 교통수단 이용하기 | **245**

Where to, sir(ma'am)?
웨어 투, 써- (맴)?
손님, 어디 가십니까?

Where to,는 Where should I take you to?의 줄여 쓴 표현입니다. 존칭으로 남자 손님에게는 보통 'sir'를 붙이고 여자 손님에게는 'ma'am'이라는 표현을 씁니다. 그 외에 다음과 같은 표현도 쓰입니다.
ex) Where can I take you?   (어디로 모실까요?)
    Where do you want to go?   (어디로 가십니까?)
    Where are you going to go?   (어디로 가십니까?)

Keep the change.
킵- 더 췌인쥐.
거스름돈은 받아두세요.

외국에서는 tip(팁) 문화가 자연스러운 현상입니다. 대개 10% 정도를 tip으로 주는 편이지만 택시에서의 tip은 그보다 적은 편입니다.

How much is the fare.
하우 머춰 이즈 더 풰어.
요금은 얼마죠?

'how much'라는 표현으로 이미 그 대상이 요금(fare)이라는 것은 당연한 것이겠죠? 따라서 보통은 줄여서 'How much is it?'으로 씁니다.
그 외에 다른 표현으로 'What do I owe you?'라는 말이 자주 쓰입니다. 이는 직역하면 '내가 당신에게 진 빚이 무엇입니까?'지만 '얼마를 내야 합니까?'라는 표현입니다.

▶Words

- **usually** [유-쥴리] 보통, 일반적으로
- **keep** [킵-] 받다, 보관하다
- **crowd** [크라우드] 빽빽이 들어차다
- **chang** [췌인쥐] 잔돈, 거스름돈

표현으로 익히기

A. 교통 요금에 대한 표현

- **What's the fare for a section?** 한 구간에 얼마입니까?
  왓츠 더 풰어 풔- 어 쎅션?

- **What's the express charge?** 급행 요금은 얼마에요?
  왓츠 더 익스프뤠쓰 촤-쥐?

- **How much will it cost to the airport?**
  하우 머취 윌 잇 커-슷 투 디 에어포-트?
  공항까지는 요금이 얼마나 나올까요?

- **What's cost to take the bus down-town?**
  왓츠 커-슷 투 테잌 더 버스 다운-타운?
  시내까지 버스 요금이 얼마죠?

- **How much is it a round-trip ticket for children?**
  하우 머취 이즈 잇 어 롸운드-트륍 티킷 풔- 췰드뤈?
  어린이 왕복 요금은 얼마입니까?

- **The fare is too high for this distance.**
  더 풰어리즈 투- 하이 풔- 디스 디스턴쓰.
  거리에 비해서 요금이 너무 많군요.

- **You're overcharging me.** 요금을 너무 많이 청구하시는군요.
  유어 오-붜촤-쥥 미-.

▶Words

- **section** [쎅션] 구역, 구간
- **down-town** [다운-타운] 시내, 도심
- **express** [익스프뤠쓰] 특급, 급행
- **round-trip** [롸운드-트륍] 왕복
- **charge** [촤-쥐] 요금, 비용
- **cost** [커-스트] (대가에 대한)비용
- **fare** [풰에] 운임, 요금
- **distance** [디스턴씨] 거리, 구간, 간격
- **overcharging** [오-붜촤-쥥]
  부당한 값을 요구하다

표현으로 익히기

B. 승차권에 대한 표현

- **Where is the ticket office?** 매표소는 어디에 있습니까?
  웨어 리즈 더 티킷 어-퓌쓰?

- **How long is this ticket good?** 이 표는 얼마 동안 유효합니까?
  하울롱- 이즈 디스 티킷 굿?

- **May I cancel this ticket?** 이 표를 취소할 수 있을까요?
  메이 아이 캔슬 디스 티킷?

- **Two round trip tickets for Busan, please.**
  투- 롸운드 트립 티킷츠 풔- 부산, 플리-즈.
  부산 왕복표 2매 주십시오.

- **Would you like a local train or express?**
  우쥴 라이크 어 로-컬 트레인 오어 익스프레쓰?
  보통 열차로 하시겠어요, 급행열차를 이용하시겠어요?

- **I want to a ticket on the earliest train to Mokpo.**
  아이 원-투 어 티킷 온 디 얼-리스트 트레인 투 목포.
  가장 빨리 출발하는 목포행 열차표 한 장 주세요.

- **I lost my ticket, what shall I do?** 차표를 잃었는데, 어쩌지요?
  아이 로-스트 마이 티킷, 왓 쉘 아이두-?

▶Words

- **ticket office** [티킷 어-퓌쓰] 매표소
- **local** [로-컬] 지역의, 지방의
- **lost** [로-스트] 분실하다
  (lose의 과거분사)
- **cancle** [캔슬] 취소하다
- **earliest** [얼-리스트] 일찍부터,
  이른(early의 최상급)

표현으로 익히기

C. 승·하차, 환승과 관련된 표현

- **I'd like to get off, please.** 내리고 싶은데요.
  아이들 라잌 투 겟 어-프, 플리-즈.

- **Would you stop here, please?** 여기서 내려 주시겠어요?
  우쥬- 스탑 히어, 플리-즈?

- **Mr. Driver, pull over there, please!**
  미스터 드라이붜, 풀 오-붜 데어, 플리-즈!
  기사님 저기서 세워 주세요!

- **From which platform does the train start?**
  프룸 위치 플랫폼- 더즈 더 트뤠인 스타-트?
  그 기차는 몇 번 승강장에서 출발합니까?

- **Can you tell me when we get there?**
  캔 유 텔 미- 웬 위- 겟 데어?
  그곳에 도착하면 제게 말씀해 주시겠습니까?

- **Get off at the next station, please.** 다음 역에서 내리세요.
  겟 어-프 앳 더 넥스트 스테이션, 플리-즈.

- **How many stops do I have to go?** 몇 정거장을 가야만 합니까?
  하우 메니 스탑쓰 두- 아이 해브 투 고우?

- **You should get off in two more stops.**
  유 슈드 겟 어-프 인 투- 모어 스탑쓰.
  두 정거장 다음에 내려야 합니다.

▶Words

- **pull** [풀] (차를 ~에)대다, 당기다
- **platform** [플랫폼-] 승강장
- **station** [스테이션] 역, 정거장, 위치, 장소
- **more** [모에] 더 많은

Part 18. 교통수단 이용하기 | **249**

▶ 표현으로 익히기

- **Which line should I change to?** 몇 호선으로 갈아타야 하지요?
  위치   라인   슈드   아이 췌인쥐 투?

- **Now you have to switch to the No.3 Line.**
  나우   유   해브 투   스위치   투   더   넘버 쓰리- 라인.
  여기서 3호선으로 갈아타세요.

- **What time do we arrive there?** 몇 시쯤에 거기에 도착합니까?
  왓   타임   두   위- 어롸이브   데어?

- **Is this my stop?** 이곳이 내릴 정거장인가요?
  이즈 디스 마이 스탑?

- **Do I have to change anywhere?** 어디 가서 갈아타야 합니까?
  두- 아이 해브 투   췌인쥐   에니웨어?

- **Where do I transfer?** 갈아타는 데가 어디입니까?
  웨어   두- 아이 트뤤스풔-?

- **Do I have to transfer?** 갈아타야 합니까?
  두- 아이 해브 투   트뤤스풔-?

- **Please transfer at the next stop**
  플리-즈   트뤤스풔-   앳 더 넥스트 스탑.
  다음 정거장에서 갈아타십시오.

▶ Words

- **switch** [스위치] 바꾸다, 변환하다
- **anywhere** [에니웨어] 어디엔가
- **transfer** [트뤤스풔-] 갈아타다, 옮기다
- **arrive** [어롸이브] 도착하다, 닿다

표현으로 익히기

D. 교통 수단에 관련된 표현

- **Are there any other buses going there?**
  아 데어 에니 아더 버시즈 고잉 데어?
  거기에 가는 다른 버스도 있습니까?

- **What are the methods of transportation?**
  왓 아 더 메써즈 어브 트렌스퍼테이션?
  교통 수단은 어떤 것들이 있죠?

- **What's the quickest way to get down-town?**
  왓츠 더 퀵키스트 웨이 투 겟 다운-타운?
  시내에 가려면 어떻게 가는 것이 제일 빠르죠?

- **The best way is to take the subway.**
  더 베스트 웨이 이즈 투 테익 더 써베이.
  가장 좋은 방법은 지하철을 타시는 겁니다.

- **Seoul has eight subway lines.**
  서울 해즈 에잇 써베이 라인스.
  서울에는 8개의 지하철 노선이 있습니다.

- **There are on cars coming from this side.**
  데어 아 온 카-쓰 커밍 프롬 디스 사이드.
  여기서 가는 차는 없어요.

- **Please take me here.**
  플리-즈 테익 미- 히어.
  이 장소로 가 주십시오.

▶Words

- **transportation** [트렌스퍼테이션]
  운송, 수송
- **method** [메써드] (논리적)방법
- **subway** [써베이] 지하철
- **quickest** [퀵키스트] 빠른, 신속한
  (quick의 최상급)

표현으로 익히기

- **(Can you take me)To this address, please?**
  (캔 유 테잌 미-) 투 디스 어드뤠쓰, 플리-즈?
  이 주소로 데려다 주시겠어요?

- **Buckle up, please!**
  버클 업, 플리-즈!
  안전 벨트를 착용하세요!

- **Please hurry, I'm late.**
  플리-즈 허-뤼, 아임 레잇.
  늦었으니 서둘러 주세요

- **Step on it, please.**
  스텝 온 잇, 플리-즈.
  더 빨리 갑시다.

- **How long will it be delayed?**
  하울롱- 윌 잇 비 딜레이드?
  얼마나 지연됩니까?

- **Would you mind turning around?** 다시 돌아가 주시겠어요?
  우쥬- 마인드 터-닝 어롸운드?

- **If you don't make haste, you will miss the train.**
  이프 유 도운 메잌 헤이스트, 유 윌 미쓰 더 트뤠인.
  급히 서두르지 않으면 기차를 놓칠 거예요.

- **Could I see a timetable, please?** 시간표를 볼 수 있을까요?
  쿠드 아이 씨- 어 타임테이블, 플리-즈?

▶Words
- **buckle up** [버클 업] 벨트를 매다
- **step on it** [스텝 온 잇] 액셀러레이터를 밟다
- **around** [어롸운드] ~을 돌아서
- **delay** [딜레이] 미루다, 늦어지다
- **turning** [터-닝] 회전
- **haste** [헤이스트] 급함, 서두름

Part 19
쇼핑하기

chapter 41 쇼핑할 때의 기본 표현

chapter 42 물건을 고를 때

chapter 43 가격 흥정·계산할 때

chapter 44 교환·환불할 때

chapter 41 쇼핑할 때의 기본 표현

Dialogue

1. **May I help you?**
   메이 아이 헬프 유?

2. **I'm just looking.**
   아임 저스트 루킹.

3. **Please take your time.**
   플리-즈 테이크 유어 타임.

4. **Will you help me?**
   윌 류- 헬프 미-?
   Could you show me this?
   쿠쥬- 쇼우 미- 디스?

5. **This one?**
   디스 원?

6. **Yes, please.**
   예스, 플리-즈.

1. 도와드릴까요?
2. 구경 좀 할게요.
3. 천천히 둘러 보세요.
4. 도와 주시겠어요? 이걸 보여주시겠어요?
5. 이것 말인가요?
6. 네, 맞아요.

study 1

May(Can) I help you?
메이 (캔) 아이 헬프 유?
도와드릴까요?

이 표현은 '도와드릴까요?'의 가장 일반적인 표현입니다. 손님이 상점에 들어갔을 때 점원이 제일 먼저 하는 말로 거의 인사말처럼 쓰이며, May와 Can은 같은 뜻입니다. 같은 의미로 다음과 같은 표현들이 많이 쓰입니다.

ex) What can I do for you?   (무엇을 도와드릴까요?)
　　How can I help you? (어떻게 도와드릴까요?)
　　Can I give a hand?　(도와드릴까요?)

study 2

Will you help me?
윌류- 헬프 미-?
도와주시겠어요?

반대로 도움을 청할 때 쓰는 표현입니다. 상대방이 'All right.'이라고 한다면 '좋습니다, 도와드리지요'라는 승낙의 뜻입니다. 다음은 유사 표현들입니다.

ex) Can you help me?   (저를 도와주실 수 있습니까?)
　　Will you do me a favor?   (부탁이 있는데요?)

▶ Words

- **may** [메이] ~해도 좋다
- **looking** [루킹] ~으로 보이는
- **just** [저스트] 조금, 오직, 단지, 바로
- **show** [쇼위] 보이다, 나타내다
- **take** [테이크] 가지다, 잡다
- **please** [플리-즈] 제발, ~하고 싶어하다

chapter 42 물건을 고를 때

Dialogue

1 I'm looking for some jeans.
아임 루킹 풔- 썸 진-스.

2 What size do you need?
왓 싸이즈 두- 유 니-드?

3 Medium size, please.
미-디엄 싸이즈, 플리-즈.

4 How do you like this?
하우 두- 율라잌 디스?

5 It's nice. May I try it on?
잇츠 나이쓰. 메이 아이 트롸이 잇 온?

6 Sure. Follow me, please.
슈어. 퐐로우 미-, 플리-즈.

7 It's too tight.
잇츠 투- 타이트.

Please show me another one.
플리-즈 쇼우 미- 어나더 원.

8 That's fine. I'll take it.
댓츠 퐈인. 아일 테이크 잇.

1. 청바지를 보고 싶어요.
2. 사이즈가 어떻게 되나요?
3. 중간 사이즈예요.
4. 이건 어때요?
5. 좋군요. 입어 볼 수 있나요?
6. 물론이죠. 따라오세요.
7. 너무 꽉 끼네요.
   다른 것을 보여 주세요.
8. 좋아요. 이것으로 하죠.

I'm looking for~ .
아임   루킹   풔-~.
~를 보고 싶어요.

'I'm looking for~'는 물건을 살 때 '~를 보고 싶다'라는 기본형 표현으로 'I'd like to see~'의 표현과 함께 자주 쓰입니다.
같은 의미로 다음과 같은 표현들도 많이 쓰입니다.

ex) I want to see some ties.　　　(넥타이를 좀 보고 싶어요.)
　　I need to buy a pair of socks.　(양말을 사고 싶어요.)
　　I'd like to buy a jacket.　　　(자켓을 사고 싶어요.)

May I try it on?
메이 아이 트롸이 잇 온?
입어 볼 수 있나요?

신발을 신어 보거나, 소품을 걸쳐 보거나 할 때도 같은 표현을 씁니다. 상대방이 Sure / Of course / Certainly / Go ahead라고 말하면 입어(신어, 걸쳐)봐도 좋다는 뜻입니다. 반대로 점원이 입어 보기를 권할 때는 'Would you like to try it on?(입어 보시겠어요?)'라는 표현이 자주 쓰입니다.
탈의실은 fitting room / dressing room / changing room이라고 합니다.

▶Words

- **size** [싸이즈] 크기, 치수
- **follow** [팔로우] 뒤를 잇다, 따라가다
- **medium** [미-디엄] 중간, 보통의
- **tight** [타이트] 꼭 끼는, 빈틈이 없는
- **try** [트롸이] 시도하다, 시험하다, 노력하다
- **another** [어나더] 또 하나의, 다른

Please show me another one.
플리-즈 쇼우 미- 어너더 원.
다른 것을 보여 주세요.

같은 의미로 다음과 같은 표현들도 많이 쓰입니다.
ex) Will you show me another one? (다른 것을 보여 주시겠어요?)
　　 Do you have another one? (이것 말고 다른 것도 있나요?)

What size do you need?
왓 싸이즈 두- 유 니-드?
치수가 어떻게 되나요?

신발 가게에서는 'What size do you take?'(몇 사이즈를 신으시죠?)라고 묻습니다. 대답은 'I wear a size 12.'라고 구체적으로 말하거나 다음과 같이 표현합니다.
ex) I'm a medium.　　　(중간 정도의 치수입니다)
　　 I'm a large.　　　　(큰 치수입니다)
　　 I'm not sure.　　　 (잘 모르겠어요 / 확실치 않아요)

I'll take it. / I'll take this.
아일 테이크 잇. / 아일 테익 디스.
이것으로 하겠습니다.

여러 상품 중에서 하나를 골라 '이것으로 사겠다'는 의미입니다. 상대방이 가지고 있는 물건으로 결정한다면 it 대신에 that, that one 등을 쓰면 됩니다.
어느 것을 살지 결정하지 못했다면 'I can't make up my mind.(아직 결정하지 못했습니다)'라고 하면 됩니다.
물건을 사지 못하고 가게에서 나올 때는 '또 오겠습니다'라는 말로 다음과 같은 표현이 쓰입니다.
ex) I'll come again.　　　　　(다시 오겠습니다)
　　 Let me think for a while.　(좀 생각을 해봐야겠군요.)

Level up - 심화학습

I'm just looking.
아임 저스트 루킹.
구경 좀 하겠습니다.

가장 간단하고 많이 쓰는 표현입니다. '구경하다, 둘러보다'라는 표현은 look around 또는 browse를 주로 씁니다.

ex) I'd like to look around.
　　I'm just browsing around.

Please show me the one in the window.
플리-즈 쇼우 미- 디 원 인 더 윈도우.
윈도우에 있는 것을 보여주세요.

우리가 흔히 'eye shopping 가자'는 말을 하는데, 이는 우리 나라에서만 쓰이는 표현입니다. 외국인과의 대화에서는 'window shopping'이라고 해야 뜻이 통합니다.

chapter 43 가격 흥정 · 계산할 때

Dialogue

1 How much is it?
하우 머취 이즈 잇?

2 It's 32,000 won.
잇츠 써-리투- 싸우전드 원.

3 Can you come down a little?
캔 유 컴 다운 어 리를?

4 All right. If you'd like,
얼- 롸이트. 이프 유들 라이크,

I'll take 5% off the price.
아일 테이크 퐈입 퍼센트 어-프 더 프롸이스.

5 That sounds like a good deal.
댓 사운즈 라이크 어 굿 딜-.

I'll take it.
아일 테이크 잇.

6 Would you like to pay with
우쥴 라잌 투 페이 위드

cash or credit card?
캐쉬 오어 크뤠딧 카-드?

7 I want to pay by credit card.
아이 원-투 페이 바이 크뤠딧 카-드.

1. 얼마예요?
2. 32,000원입니다.
3. 조금만 깎아 주시겠어요?
4. 좋습니다. 원하시면, 제가 5% 깎아드릴게요.
5. 괜찮은 흥정 같군요. 그것으로 사겠어요.
6. 현금으로 지불하시겠어요, 카드로 지불하시겠어요?
7. 카드로 지불할게요.

Part 19. 쇼핑하기 | **261**

study 1
How much is it.
하우　머취　이즈 잇.
얼마입니까?

물건의 가격을 물어볼 때 쓰이는 표현으로 짧게 How much?라고만 말하기도 합니다. How much?는 How much do you want?의 준말로서, 갯수를 셀 수 없는 물건을 사겠다고 점원에게 말했을 때, 점원이 손님에게 얼마만큼의 양이 필요한지 묻는 표현으로 쓰이기도 합니다.

study 2
Too expensive.
투-　익쓰펜씨브.
너무 비싸네요.

이 표현은 'Too high.'와 같은 말입니다. 가격에 대한 다른 표현들입니다.

ex) That's cheap!　　　　　　(싸군요!)
　　That's reasonable.　　　　(적당하군요)
　　That sounds good. Not bad.　(괜찮군요)

▶Words

- **sound** [사운드] 소리, 음
- **off** [어-프] 할인하여
- **pay** [페이] 지불하다
- **price** [프라이스] 값, 가격
- **cash** [캐쉬] 현금, 지폐

Can you come down a little?
캔   유   컴   다운 어 리를?
조금만 깎아 주시겠어요?

이 표현은 'Can you give me a discount?(깎아 주시겠어요?)'와 같은 말입니다. 다른 표현들입니다.

ex) Can't you give me a better price?　(좀 깎을 수 없나요?)
　　You should come down.　　　　　(깎아주세요)
　　Our prices are fixed.　　　　　　(정찰제입니다)

Good deal!
굿   딜-!
괜찮은 흥정이군요!

'Deal'이란 '흥정하다, 거래하다'의 뜻으로 쓰이는데, 여기서의 Good deal이란 '흥정을 잘하다, 거래를 잘했다'라는 의미입니다. 'deal'은 친구간의 대화중에도 쓰입니다. 얘기 말미에 '그럼 그렇게 하는 걸로 하는 거다?'라고 할 때 'Deal'이라고 하는데, 'Okay, deal.'이라고 대답하면 '그래, 그렇게 하자'라고 응답하는 것입니다.

If you'd like ~ .
이프 유들 라이크 ~ .
~을 원하신다면

무엇을 권할 때 상대방의 의향을 물어 보는 뜻에서 사용되는 표현입니다.

Credit card
크뤠딧 카-드
신용 카드

Charge card와 Credit card는 서로 다릅니다. Charge card는 백화점 카드 등 전용 카드를 말하는 것이고, Credit card는 비자 카드, 마스터 카드 등과 같이 일반적인 신용 카드를 말하는 것입니다.
다른 지불 수단인 현금(cash) 외에 check(수표), traveler's check(여행자 수표), gift certificate(상품권) 등이 있습니다.

GUIDE

전화를 잘못 걸었을 때 wrong number라고 하는 것처럼 거스름돈을 잘못 주었을 때도 wrong change라고 한다.
change에는 '교환' 이라는 뜻 이외에도 '잔돈' 이라는 뜻이 있다.
ex) I haven't got my change back yet. (아직 거스름돈을 받지 못했습니다.)
    Isn't there a mistake in the bill? (계산이 틀리지 않았나요?)

chapter 44 교환 · 환불할 때

) Dialogue

1 May I help you?
메이 아이 헬프 유?

2 I want to get a refund on this,
아이 원-투 겟 어 뤼풘드 온 디스,

please.
플리-즈.

3 What's the problem?
왓츠 더 프롸블럼?

4 I just bought this watch yesterday,
아이 저스트 버-트 디스 워취 예스터데이,

but it's broken.
벗 잇츠 브뤄우큰.

5 I'm so sorry. Please come this way.
아임 쏘우 쏘-뤼. 플리-즈 컴 디스 웨이.

6 Would you receipt it for me?
우쥬- 뤼씨-트 잇 풔- 미-?

7 Here you are.
히어 유 아.

1. 도와드릴까요?
2. 이걸 환불해 주셨으면 합니다.
3. 무엇이 문제입니까?
4. 바로 어제 이 시계를 샀는데, 고장 났어요.
5. 정말 죄송합니다. 이쪽으로 오세요.
6. 영수증을 주시겠습니까?
7. 여기 있습니다.

Will you change it, please?
월류- 췌인쥐 잇, 플리-즈?
바꿔 주시겠어요?

구입한 물건이 불량이거나 치수가 맞지 않을 때 교환을 하러 가서 쓸 수 있는 표현입니다. '교환하다'는 return 또는 exchange를 주로 씁니다. change는 '교환'이라는 뜻 이외에도 '잔돈'이라는 뜻도 있습니다.

ex) I haven't got my change back yet.
(아직 잔돈을 받지 못했습니다)

I'd like to get a refund, please.
아이들 라익 투 겟 어 뤼풘드, 플리-즈.
환불해 주셨으면 합니다.

'환불하다'는 refund를 주로 사용합니다. 환불이 불가능한 경우는 많지만 대부분 교환은 가능합니다. 그러나 'No refunds or exchange. (환불이나 교환해 주지 않음)'이라고 써 놓은 상점에서는 교환·환불이 불가능하므로 주의해야 합니다. 환불을 부탁하는 의문형 표현도 많이 쓰입니다.

ex) Could I have a refund on this? (이것을 환불해 줄 수 있나요?)
    Is this refundable?   (이것을 환불받을 수 있나요?)
    Can I get a refund for this? (이것을 환불받을 수 있나요?)

▶Words

- **refund** [뤼풘드] 모든 것
- **but** [벗] 그러나, 그런데
- **problem** [프뢰블럼] 문제, 의문
- **way** [웨이] 길, 도로, 코스, 방법
- **broken** [브뤄우큰] 고장난, 부서진
  (break의 과거분사)

Here is the receipt.
히어 리즈 더 뤼씨-트.

영수증 여기 있습니다.

환불하거나 교환할 때는 물건과 함께 영수증을 제시해야 합니다.

ex) Here you are. (여기 있습니다.)
    Here is the receipt. (영수증 여기 있습니다.)

표현으로 익히기

A. 물건을 살 때

- **Show me some patterns.** 견본을 몇 개 보여 주세요.
  쇼우 미- 썸 패턴즈.

- **Where is men's clothing?** 남자 의류는 어디에 있습니까?
  웨어 리즈 멘즈 클로우딩?

- **Where is the food department?** 식품부는 어디에 있습니까?
  웨어 리즈 더 푸-드 디파-트먼트?

- **Do you have one in another color?**
  두- 유 해브 원 인 어나더 컬러?
  이것 말고 다른 색깔이 있습니까?

- **What's the difference between these?**
  왓츠 더 디풔뤈쓰 비트윈- 디즈?
  이 물건들의 차이점은 무엇입니까?

- **What about the color?** 색깔은 어때요?
  왓 어바웃 더 컬러?

- **How do I look to you?** 당신이 보기에는 어떻습니까?
  하우 두- 아이 룩 투 유?

- **I think it suits you.** 당신에게 어울리는 것 같아요.
  아이 씽크 잇 슈-츠 유.

▶Words

- **pattern** [패턴] 견본, 무늬, 도안
- **between** [비트윈-] 사이에(의, 에서)
- **department** [디파-트먼트] ~부문, ~부
- **difference** [디풔뤈씨] 차이, 차이점
- **suit** [슈-트] ~에 잘 맞다, (의복 등이)어울리다

표현으로 익히기

B. 흥정 · 계산을 할 때

- **Can you make no reduction?** 좀 깎아 주실 수 없나요?
  캔 유 메이크 노우 뤼덕션?

- **I'll make 10% reduction.** 10%를 할인해드리겠습니다.
  아일 메이크 텐퍼센트 뤼덕션.

- **We sell at a fixed price.** 정가대로 팝니다.
  위- 쎌 앳 어 퓍스트 프라이스.

- **Here is your change.** 거스름돈입니다.
  히어 리즈 유어 췌인쥐.

- **Isn't there a mistake in the bill?** 계산이 틀리지 않았나요?
  이즌트 데어 어 미스테이크 인 더 빌-?

- **I think you made a mistake on this bill.**
  아이 씽크 유 메이드 어 미스테이크 온 디스 빌-.
  계산이 틀린 것 같습니다.

- **Do you have cheaper one?** 좀더 싼것은 없습니까?
  두- 유 해브 취-퍼 원?

- **Can I see something cheaper?** 좀더 싼것을 보여주세요?
  캔 아이 씨- 썸씽 취-퍼?

- **Let me have a receipt, please.** 영수증 좀 끊어 주세요.
  렛 미- 해브 어 뤼씨-트, 플리-즈.

▶ Words

- **reduction** [뤼덕션] 축소, 삭감, 할인
- **bill** [빌-] 계산서, 청구서
- **fixed** [퓍스트] 고정된, 결정된(fix의 과거분사)
- **cheaper** [취-퍼] 좀더 싼(cheap의 비교급)
- **mistake** [미스테이크] 잘못, 착오
- **something** [썸씽] 어떤 것, 무엇인가

Part 19. 쇼핑하기 | **269**

▶ 표현으로 익히기

C. 교환·환불을 할 때

■ **Would you exchange it for another?**
우쥬- 익쓰췌인쥐 잇 풔- 어나더?
그것을 다른 것으로 교환해 주시겠어요?

■ **Do you want to exchange it?** 다른 것으로 교환하시겠어요?
두- 유 원-투 익쓰췌인쥐 잇?

■ **If it doesn't work, can I bring it back?**
이프 잇 더즌트 워-크, 캔 아이 브링 잇 백?
잘 작동되지 않으면 반품할 수 있습니까?

■ **If not fully satisfied, return it to us.**
이프 낫 풀리 쌔티스퐈이드, 뤼턴- 잇 투 어쓰.
만족 못하시면 반품하셔도 됩니다.

■ **May I have a refund on this, please?**
메이 아이 해브 어 뤼풘드 온 디스, 플리-즈?
이걸 환불해 주시겠습니까?

■ **Is this refundable?**
이즈 디스 뤼풘더블?
이걸 환불받을 수 있나요?

■ **I'd like a cash refund.**
아이들 라이크 어 캐쉬 뤼풘드.
현금으로 반환해 주세요.

▶ Words

- **exchange** [익쓰췌인쥐] 교환, 환전하다
- **fully** [풀리] 충분히, 완전히
- **work** [워-크] 제작물, 일, 직업
- **satisfied** [쌔티스퐈이드] 만족한, 흡족한
- **bring** [브링] 가져오다, 이끌다
- **return** [뤼턴-] 반환하다, 돌아가다

Part 20
식당에서

chapter 45 식당을 예약할 때

chapter 46 식당에 들어갈 때

chapter 47 주문할 때

chapter 48 남은 음식 포장

chapter 49 계산할 때

chapter 45 식당을 예약할 때

) Dialogue

1 I'd like to reserve a table for three.
아이들 라잌 투 뤼저-브 어 테이블 풔- 쓰뤼-.

2 What time would you like to dine?
왓 타임 우쥴 라잌 투 다인?

3 At 7 this evening.
앳 쎄븐 디스 이-브닝.

4 May I ask your name, please?
메이 아이 애스크 유어 네임, 플리-즈?

5 My name is Noell Kim.
마이 네임 이즈 노엘 김.

6 How do you spell Noell?
하우 두- 유 스펠 노엘?

7 N like note, O-E-L-L.
엔 라이크 노-트, 오-이-엘-엘.

8 All right, sir. Thank you.
얼- 롸잇, 써-. 땡큐.

1. 세 명분의 자리 하나 예약하려고 합니다.
2. 몇 시로 할까요?
3. 오늘 저녁 7시입니다.
4. 성함이 어떻게 되세요?
5. 내 이름은 노엘 김입니다.
6. 노엘의 철자가 어떻게 됩니까?
7. note할 때의 N, O-E-L-L입니다.
8. 예약되었습니다. 감사합니다.

study 1

I'd like to reserve a table for three.
아이들 라일 투   뤼저-브   어 테이블 풔-   쓰뤼-.
세 명분의 자리 하나 예약하려고 합니다.

전화로 식당에 식사 예약할 때 쓰이는 기본 표현입니다. reserve 대신 book(예약하다)을 쓸 수도 있습니다. 영어 회화에서 예약 상황이 나오는 것은 보통 식당에서의 예약과 병원, 호텔, 교통편 예약이 있습니다. 또, 상대방과의 시간 약속도 있습니다.

- 보통 호텔이나 교통편 예약에서는 make a reservation(예약을 정하다)의 표현을 주로 씁니다.
ex) I'd like to make a reservation.(예약하고 싶습니다)

- 병원 예약이나 상대방과의 시간 약속에서는 appointment를 주로 씁니다.
ex) I'd like to make an appointment.
　　(예약하고 싶습니다)

study 2

How do you spell~?
하우 두- 유   스펠-?
~의 철자가 어떻게 됩니까?

예약을 할 때 알아두어야 할 점은 영어에서는 사람의 이름을 말할 때 그 철자를 발음으로는 받아 쓸 수 없는 경우가 많습니다. 노엘이라는 발음이 'Noel'일 수도 있고 'Noell'일 수도 있으니 말입니다. 그렇기 때문에 예문과 같은 표현이 자주 쓰입니다. 이럴 때 우리 나라 사람이 발음하기 까다로운 것은 'N like note, O-E-L-L(노트할 때의 엔, 오-이-엘-엘입니다)이라는 식으로 말하는 것이 가장 정확합니다.

▶Words

- **dine** [다인] 식사할 수 있다
- **spell** [스펠] 철자
- **reserve** [뤼-저브] 예약해 두다, 남겨두다
- **ask** [애스크] 묻다, 물어보다

chapter 46 식당에 들어갈 때

) Dialogue

1. **Good evening. May I help you?**
   굿 이-브닝. 메이 아이 헬프 유?

2. **Yes, I have a reservation.**
   예스, 아이 해브 어 뤠저붸이션.

3. **What's your name, please?**
   왓츠 유어 네임, 플리-즈?

4. **My name is Noell Kim.**
   마이 네임 이즈 노엘 김.

5. **Yes, here's your reservation.**
   예스, 히어즈 유어 뤠저붸이션.

   Would you mind following me, please?
   우쥬- 마인드 쫠로윙 미-, 플리-즈?

   This is your table.
   디스 이즈 유어 테이블.

6. **Well, we'd like seats near the window.**
   웰, 위드라이크 씻-츠 니어 더 윈도우.

1. 안녕하세요. 무엇을 도와드릴까요?
2. 예, 예약을 했는데요.
3. 성함이 어떻게 되세요?
4. 내 이름은 노엘 김입니다.
5. 예, 여기 예약하셨군요.
   저를 따라오시겠어요?
   여기가 손님 자리입니다.
6. 글쎄, 우리는 창가 쪽 자리에 앉고 싶은데요.

study 1

We'd like seats near the window.
위드라이크 씻-츠 니어 더 윈도우.
창가 자리에 앉고 싶어요.

종업원이 자리를 안내했을 때 자신의 마음에 드는 자리가 아니어서 자리를 바꿨으면 할 때 쓰는 표현입니다. May I~?(~해도 됩니까?) 형식을 사용해서 'May I sit down there by the window?(창가 자리에 앉아도 될까요?)' 라는 표현도 많이 쓰입니다.

study 2

Can we get a table?
캔 위- 겟 어 테이블?
자리 있습니까?

이 표현은 직역하면 '우리가 테이블을 얻을 수 있습니까?'라는 의미입니다. 예약하지 않고 식당에 갔을 때 많이 쓰이는 표현입니다.

study 3

How many people do you have in your party?
하우 메니 피플 두- 유 해브 인 유어 파-티?
일행이 몇 명입니까?

식당에 갔을 때 종업원이 묻는 질문입니다.
보통 'How many in your party?'라고 줄여서 쓰기도 합니다. 'party'는 '잔치'나 '정당'이라는 뜻 외에도 '일행, 동행, 단체'라는 의미로 많이 쓰이는데 위 예문의 경우가 '일행'을 뜻하는 것입니다.

▶Words

- **reservation** [뤠저붸이션] 예약, 예약석
- **seat** [씻-트] 좌석, 자리
- **following** [팔로윙] 따라가다, 뒤따르다(follow의 현재분사)

chapter 47 주문할 때

▶ Dialogue

1 May I take your order?
메이 아이 테이크 유어 오-더?

2 Just a moment, please.
저스트 어 모-먼트, 플리-즈.

I haven't made up my mind.
아이 해븐트 메이드 업 마이 마인드.

What do you recommend?
왓 두- 유 뢰커멘드?

3 How about today's special?
하우 어바웃 투데이스 스페셜?

4 What's that?
왓츠 댓?

5 It's roast leg of lamb with
잇츠 로우스트 렉 어브 램 위드

green beans.
그린- 빈스-.

6 I think I'll try that.
아이 씽크 아일 트롸이 댓.

1. 주문하시겠습니까?
2. 잠시만요. 아직 결정하지 못했어요. 당신이 추천해 주시겠습니까?
3. 오늘의 특별 요리는 어떠신지요?
4. 그게 뭐죠?
5. 이 요리는 푸른 콩을 곁들인 양다리 구이입니다.
6. 그거 한번 먹어봅시다.

What do you recommend?
왓 두- 유 뢰커멘드?
무엇을 추천해 주시겠어요?

음식을 고르지 못했거나 그 식당 음식에 대해 잘 모를 때, 종업원에게 음식을 추천해 달라고 부탁하는 표현입니다.

I haven't made up my mind yet.
아이 해븐트 메이드 업 마이 마인드 옛.
아직 결정하지 못했거든요.

메뉴를 아직 정하지 못했는데 웨이터가 와서 기다리고 있는 경우 부담스러울 때 시간을 지연시키는 표현입니다. 다음 표현들도 자주 쓰입니다.

ex) I'll call a waiter when we're ready to order.
　　(주문이 정해지면 웨이터를 부르겠습니다.)
　　We'll let you know when we've decided.
　　(정해지면 알려드리겠습니다.)

▶Words

- **order** [오-데] 주문, 순서, 질서
- **special** [스페셜] 특별한, 독특한
- **recommend** [뢰커멘드] 권하다, 추천하다
- **yet** [옛] 아직(~하지 않다)
- **roast** [로우스트] 구운 고기
- **leg** [레] 다리(엉덩이 부터 발목까지, 넓게는 발도 포함)

I'll have~ .
아일 해브~ .
~할 것이다.

'I'll have+음식 이름'으로 주문하면 간단하게 표현됩니다. 그 밖에 'I'd like+음식 이름'이나 'May I have+음식 이름?'으로도 주문할 수 있습니다.

ex) I'll have a beef steak. (비프 스테이크를 먹겠습니다.)
　　I'd like today's special. (오늘의 특별 요리를 먹겠습니다.)
　　May I have today's special? (오늘의 특별 요리를 먹어 볼까요?)

직접 메뉴판에서 손으로 가리키면서 주문할 수도 있습니다.

ex) This and this, please. (이것과 이것을 주세요.)
　　This, please. (이것으로 주세요.)

How would you like your steak?
하우　우쥴 라익　유어　스테이크?
스테이크는 어떻게 해드릴까요?

스테이크는 굽는 정도에 따라 보통 세 가지로 분류됩니다.

ex) Medium, please. (중간으로 익혀 주세요.)
　　Well-done, please. (바싹 익혀 주세요.)
　　Rare, please. (살짝 익혀 주세요.)

▶▶ Words

- **beef** [비-프] 쇠고기
- **kind** [카인드] 종류, 친절한
- **steak** [스테이크] 두껍게 썬 고기
- **well-done** [웰던] 잘 익은, 충분히 요리된

Dialogue

1 What will you have?
왓   윌류-   해브?

2 I'll have a beefsteak and
아일 해브 어 비-프스테이크 앤드
green salad.
그린-   샐러드.

3 How would you like your steak?
하우   우쥴 라잌   유어 스테이크?

4 Well-done, please.
웰던,   플리-즈.

5 How about dessert?
하우   어바웃   디저-트?

6 What kinds of desserts
왓   카인즈 어브 디저-츠
do you have?
두- 유   해브?

7 Ice cream and coffee.
아이스 크-림 앤드 커-퓌.

8 Coffee, please.
커-퓌,   플리-즈.

1. 무엇을 드시겠습니까?
2. 비프스테이크와 그린 샐러드를 먹겠습니다.
3. 스테이크는 어떻게 해드릴까요?
4. 바싹 익혀 주세요.
5. 후식은 무엇으로 하시겠습니까?
6. 어떤 종류가 있습니까?
7. 아이스 크림과 커피가 있습니다.
8. 커피로 하겠습니다.

chapter 48 남은 음식 포장

▶ Dialogue

1 Have you finished?
해브 유 퓌니쉬드?

2 No, I couldn't finish this.
노우, 아이 쿠든트 퓌니쉬 디스.

Can I have a doggy bag?
캔 아이 해브 어 더기 백?

3 Sure, sir. Would you like
슈어, 써-. 우쥴 라잌

some more coffee?
썸 모어 커-퓌?

4 No, thanks.
노우, 땡쓰.

1. 다 드셨습니까?
2. 아니오. 다 먹지 못했어요.
   이것 좀 싸 주시겠어요?
3. 네, 손님. 커피 더 드시겠습니까?
4. 아니오, 괜찮습니다.

Have you finished?
해브 유 퓌니쉬드?
다 드셨습니까?

이 표현은 하던 일을 "다 했습니까?"의 의미입니다. 숙제를 할 때는 "숙제 다 끝냈니?"이고, 외출할 때 준비중인 사람에게 말한다면 "준비 다 끝냈습니까?"입니다. 또 식사하고 있는 사람에게 묻는다면 "식사 다 하셨습니까?"의 의미입니다.
식당에서 남은 음식을 포장해서 가져가고 싶은 경우 쓸 수 있는 표현들이 있다.

ex) Would you wrap this for me?
 (이것 좀 포장해 주시겠습니까?)
 I couldn't finish this. May I have a doggy bag?
 (다 먹지 못했습니다. 더기 백을 주시겠습니까?)
 Would you like to take it home?
 (남은 것을 집으로 가져가시겠습니까?)

a doggy bag은 a doggie bag이라고도 하는데, 식당에서 먹다 남은 음식을 싸 주는 종이 상자를 말합니다.

▶Words

- **finish** [피니쉬] 끝나다, 마치다
- **doddy bag** [더기 백]
  포장용 종이상자
- **sure** [슈에] 물론, 좋고 말고
- **more** [모에] 조금 더

chapter 49 계산할 때

Dialogue

1 May I have the bill, please?
메이 아이 해브 더 빌-, 플리-즈?

2 Here you are, sir.
히어 유 아, 써-.

3 Does this include a service charge?
더즈 디스 인클루-드 어 써-뷔스 촤-쥐?

4 Yes. A 10 percent service charge
예스. 어 텐 퍼쎈트 써-뷔스 촤-쥐

has been added to your bill.
해즈 빈- 애디드 투 유어 빌-.

5 I see. Do you accept credit card?
아이 씨-. 두- 유 액쎕트 크뤠딧 카-드?

6 Yes. But we only accept
예스. 벗 위- 오운리 액쎕트

Visa and BC cards.
뷔-저 앤드 비씨 카-즈.

1. 계산서 좀 주시겠어요?
2. 여기 있습니다, 손님.
3. 여기에 봉사료도 포함되어 있습니까?
4. 네, 10%의 봉사료가 부과되어 있습니다.
5. 알겠습니다. 신용카드도 받나요?
6. 네, 하지만 비자와 비씨 카드만 받습니다.

Part 20. 식당에서 | **283**

May I have the bill, please?
메이 아이 해브 더 빌-, 플리-즈?
계산서를 주세요?

이 표현은 종업원에게 계산서를 달라는 표현입니다.
Check, please.라고 간단히 표현해도 됩니다. 좀더 공손한 표현으로는 Would you bring the check please?라고 쓰는 것이 일반적입니다.
여기서 '계산서'는 bill과 check 두 가지를 다 쓸 수 있습니다.

Does this include a service charge?
더즈 디스 인클루-드 어 써-뷔스 촤-쥐?
이 계산서에 봉사료도 포함되어 있습니까?

신용 카드나 여행자 수표로 계산하려고 한다면 다음 표현들을 익혀 둡시다.

ex) Do you accept credit card?
　　(신용 카드도 받나요?)
　　Do you accept traveler's checks?
　　(여행자 수표도 받나요?)

▶Words

- **bill** [빌-] 계산서, 청구서
- **include** [인클루-드] 포함하다
- **charge** [촤-쥐] 요금, 비용
- **add** [애드] 더하다, 추가하다

표현으로 익히기

A. 예약과 관련된 표현

- **I'd like to make a reservation for tonight.**
  아이들 라익 투 메이크 어 뤠저붸이션 풔- 투나잇.
  오늘 밤 예약을 하려고 합니다.

- **What time do you want your reservation for?**
  왓 타임 두- 유 원-트 유어 뤠저붸이션 풔-?
  몇 시로 예약해 드릴까요?

- **I'd like to cancel our reservation for tonight.**
  아이들 라익 투 캔슬 아우어 뤠저붸이션 풔- 투나잇.
  오늘 밤 예약을 취소하려고 합니다.

- **Can I change our reservation for tonight?**
  캔 아이 췌인쥐 아우어 뤠저붸이션 풔- 투나잇?
  오늘 밤 예약을 변경할 수 있나요?

- **I'm afraid I can't find your reservation.**
  아임 어프뤠이드 아이 캔트 퐈인드 유어 뤠저붸이션.
  죄송하지만 손님은 예약이 안 되어 있습니다.

- **Could you check the reservation list again?**
  쿠쥬- 췍, 더 뤠저붸이션 리스트 어겐?
  예약 명단을 다시 한 번 확인해 주시겠습니까?

▶ Words

- **cancel** [캔슬] 취소하다, 중지하다
- **list** [리스트] 목록, 명단
- **check** [췍] 확인하다, 조사하다, 수표
- **again** [어겐] 다시, 또, 다시 한 번
- **afraid** [어프뤠이드] 두려워하여, 걱정하여, 유감으로 생각된다

표현으로 익히기

B. 식당에 들어갈 때

- **Do you have a reservation?** 예약하고 오셨습니까?
  두- 유 해브 어 뤠저붸이션?

- **Waiter! Is there a vacant table?** 웨이터! 빈 자리 있습니까?
  웨이러! 이즈 데어 어 붸이컨트 테이블?

- **Yes, sir. There's one over there.** 네, 저쪽에 하나 있습니다.
  예스, 써-. 데어즈 원 오-붜 데어.

- **I'm sorry, there are no table available right now.**
  아임 쏘-뤼, 데어 아 노우 테이블 어붸이러블 롸잇 나우.
  죄송하지만 지금은 빈자리가 없습니다.

- **How long do we have to wait?** 얼마나 기다려야 합니까?
  하울롱- 두- 위- 해브 투 웨이트?

- **Do you have seats by the window?** 창가에 자리가 있습니까?
  두- 유 해브 씻-츠 바이 더 윈도우?

- **I'll see it that can be arranged.**
  아일 씨- 잇 댓 캔 비 어뤠인쥐드.
  자리 준비가 될 수 있는지 알아보겠습니다.

▶Words

- **vacant** [붸이컨트] 빈자리, 비어있는
- **arranged** [어뤠인쥐드] 준비됐다
  (arrange의 완료형)
- **available** [어붸이러블] 이용할 수 있는
- **reservation** [뤠저붸이션]
  예약, 예약석

표현으로 익히기

C. 주문 · 식사와 관련된 표현

- **I'll have the same.**
  아일 해브 더 쎄임.
  같은 것으로 먹겠습니다.

- **Let me see the menu.**
  렛 미- 씨- 더 메뉴.
  메뉴 좀 보여주세요.
  = **Could we have a menu, please?**
  쿠드 위- 해브 어 메뉴, 플리-즈?

- **Dinner is ready(served).**
  디너 이즈 뤠디 (써-브드).
  식사 준비가 다 되었습니다.

- **With pleasure, sir. Anything else?**
  위드 플레져, 써-. 에니씽 엘쓰?
  그 밖에 다른 것은 필요 없습니까?

- **The dinner was excellent.**
  더 디너 워즈 엑썰런트.
  훌륭한 식사였습니다.

- **I've enjoyed dinner very much.**
  아이브 인조이드 디너 붸뤼 머취.
  아주 잘 먹었습니다.

- **Will you have dessert, sir?**
  윌류- 해브 디저-트, 써-?
  후식을 드시겠습니까?

- **May I trouble you for another cup of coffee?**
  메이 아이 트롸벌 유 풔- 어나더 컵 어브 커-퓌?
  커피 한 잔 더 주시겠습니까?

▶ Words

- **same** [쎄임] 같은, 동일한
- **pleasure** [플레져] 즐거움, 영광
- **anything else** [에니씽 엘씨] 그 밖의, 다른
- **ready** [뤠디] 준비가 된
- **excellent** [엑썰런트] 아주 훌륭한
- **serve** [써-브] 식사를 차리다, 내다

표현으로 익히기

D. 식사 후에 관련된 표현

- **Can I have a doggy bag?**
  캔 아이 해브 어 더기 백?
  이것 좀 싸 주시겠어요?

- **Would you wrap this for me?**
  우쥬- 륍 디스 풔- 미-?
  이것 좀 포장해 주시겠어요?

- **Have you finished?**
  해브 유 퓌니쉬드?
  다 드셨습니까?

- **Waiter! bill, please.**
  웨이러! 빌-, 플리-즈.
  웨이터, 계산서 부탁합니다.

- **May I have the check, please?**
  메이 아이 해브 더 췍, 플리-즈?
  계산서 좀 주시겠어요?

- **Does this include a service charge?**
  더즈 디스 인클루-드 어 써-비스 촤-쥐?
  이 계산서에는 봉사료가 포함된 것입니까?

- **It's my treat this evening.**
  잇츠 마이 트뤼-트 디스 이-브닝.
  오늘 저녁은 제가 내겠습니다.

- **Let's go Dutch.**
  렛츠 고우 더취.
  각자 계산합시다.

▶Words

- **wrap** [륍] 감싸다, 두르다
- **include** [인클루-드] 포함하다
- **check** [췍] 회계전표, 계산서
- **treat** [트뤼-트] 대접하다, 취급하다
- **doggy bag** [더기 백] 남은 음식을 넣어주는 봉투(개에게 준다는 것에서 유래)